森川茂美

KAIKOU

Morikawa Shigemi

書肆アルス

子安運河（油彩100号）

ヴェネツィア暮色（油彩100号）

朝のヴェネツィア（油彩100号）

ヴェネツィア（油彩100号）

ヴェネツィアの教会（油彩100号）

朝日射す周庄の運河（油彩100号）

オンフルールの閑日（油彩100号）

ポトマック夕景（油彩100号）

プラハの夕景（油彩150号）

西日差す百塔の街（油彩150号）

ヴェネツィア大運河（油彩150号）

ヴェネツィアの朝（油彩100号）

プラハ城遠望（油彩100号）

和太鼓演奏（水彩3号）

修行僧上山（水彩6号）

マウント・マッキンリー遠望（水墨15号）

邂逅（かいこう）目次

装　幀　井原靖章
装　画　森川茂美

*

カバー（表）：ポトマックの夕景（油彩 100 号）
カバー（裏）：冬のハルシュタット（水彩 6 号）
表　紙：晩夏（水彩 6 号）
扉：お人形（水彩 4 号）

邂逅（かいこう）

第1章　苗字の由来

生家の写真

江戸時代、西播磨を代表する藩は姫路藩（十五万石）、龍野藩（五万三千石）、赤穂藩（三万五千石）の三藩と言われていた。一六一七年、建部政長は、姫路藩と龍野藩の間の林田川添いの領地に入封、大坂の陣の武功により林田藩（一万石）となった。

建部家は外様大名であったが、明治維新まで二百五十年余にわたり林田藩を治めた。敬業館は一七九四年、七代目の建部政賢によって建てられた藩校で、現在県内に残る唯一の藩校の建物である。建部家は一八八四年（明治十七年）の華族令で子爵に叙された。

林田藩の建部家が治めた領地は、現在の姫路市大津区、揖保郡太子町、私の生家があるたつの市神岡町、姫路市林田町、たつの市新宮町であった。

領地の七五％は揖保郡太子町と当時の揖保郡神岡村で占めていた。

林田藩という藩名があった林田村の領地は全体の二〇％にも満たなかったが、戦略上の備えのためか、建部家の陣屋は林田村の中央にある聖ヶ丘に置かれた。

なお、林田藩の北隣は安志藩で、同藩は播磨国宍粟郡周辺を領有した一万石の譜代、小笠原長興が藩祖で、明治の廃藩置県まで小笠原家が治め、一八八七年（明治二十年）に子爵に叙された。
戦後の町村合併促進法の施行で、生家のある揖保郡神岡村は龍野市の誕生と共に龍野市と合併して龍野市神岡町になった。一方、林田藩の陣屋があった林田村は姫路市と合併して姫路市林田町になった。太子町はそのまま、どことも合併せず、現在も揖保郡太子町として行政を続けている。

私の生家の森川家（現在、兵庫県たつの市神岡町）は、何代にもわたり「森河長兵衛」と称し、林田藩に祐筆（殿様に代わって、文章をつかさどった職）として仕えた。従って、昭和の初め頃までは「長兵衛さん」と村人に呼ばれていた。何故か、私の祖父の苗字は森河改め、森川となっている。おそらく、一八七一年（明治四年）の壬申戸籍法に基づいて、変更登録したと思われる。

残念なのは、森河の大河の「河」の字を小川の「川」の字に改めたことで、もし、「森河」のまま残っていたら、稀有な苗字となっているに違いない。

私の生家がある同じ集落の殆どの家（約二十数軒）の苗字が「宝山（ほうざん）」で、国民学校の同級生にも三名の宝山君がいた。この苗字は、一八七一年（明治四年）の壬申戸籍法に基づいて、初めて苗字を登録した時、隣近所で一緒に登録したためと思われる。宝山は全国的にも珍しい苗字である。

森川家の座敷と次の間の鴨居に槍と薙刀が常時飾られている。毎年大晦日には決まって、翁と媼が描かれた掛け軸を座敷の床の間に掛け、その前に大小二振りの刀を鹿の角の刀掛けに置き、その隣に、山から伐り出してきた枝ぶりの良い松を飾り、真赤な実をつけた千両を添えていた。

また、長屋門の前に大きな松竹梅の門松を飾り、正月を迎える準備を整えた。元旦は早朝四時に起き、郷里の神岡町沢田にある「椥八幡神社(なぎはちまん)」に家族総勢でお参りするのが習わしだった。

椥八幡神社の社伝によれば、神功皇后の三韓征伐の凱旋の際、北方に紫雲がたなびき霊香のただよいを感じ、霊地があると感じた。そこに獅子が現れて椥山の白壇の木の下に案内したので、この白壇を霊木として神を祀ったのが創建と伝えられている。このため、十月二十日の例祭には獅子舞を奉納している。

森川家には三つの蔵があった。

内蔵と言われていた蔵へは、渡り廊下を通って行った。重い蔵の扉は子供一人では開けられないほど重く、悪さをした時は、この蔵へ担ぎ込まれ、泣きべそをかいたものである。この蔵には箪笥、長持、冠婚葬祭用道具や食器類、お膳、茶道具等が納めてあった。

この蔵の床下に小判が入った壺が埋蔵してあるという言い伝えがあり、子供の頃は、取り出して確認したいという衝動に駆られた。

長男の兄が当主になったとき、思い切って蔵の床下を探したが、壺らしきものは見つからなかったとのことだった。言い伝えは、単なる伝説だったのか、または何代か前の当主が掘り起こしてしまったのか、謎のままである。

二つ目の蔵は、土間を通り中庭の北側にあり、常時換気のため、重い扉は開け放たれて、昼間は網戸だけだった。したがって、この蔵には、自由に出入りした。

この蔵には、餅つきの臼や杵、その他農作業に使う脚絆や鎌等の小物が収納されていた。そして、寛永通宝の古銭が縄に通して、幾尋も天井からぶら下げてあった。

どっさりあった古銭も次第に錆びついてきて、使い道がないまま、戦時中に、他の金物と一緒に軍に拠出された。

三つ目の蔵は、本土への空襲が激しくなったので、一九四五年（昭和二十年）の春、父が半地下の蔵を建てたもので、蔵の半分は米穀類等保存食の保管場所に使い、残りの半分のスペースを防空壕として用意した。しかし、空襲警報時に誰もこの防空壕に入った人はいなかった。

終戦後、間もなくして、この蔵の上に一ＬＤＫの家を建て、都会の空襲で、一時避難してきた親戚に提供していた。

祖父の代で相場に手を出し、多くの田畑を手放す羽目になったが、父の代でそのほとんどを買い戻した。戦後の農地改革で、その田畑の殆どを小作人に与えたが、手元には十町歩程（一町は三千坪なので、三万坪ほどの田畑）が残っていた。

父は昭和の初めに揖保川沿いに製粉用水車小屋一棟を買い取って製粉業を始めた。精製した「粉」は大手の日清製粉などに納め、数年で水車小屋を三棟に増やして製粉業を続けていたが、その後自宅の前の田畑を工場敷地に変更し製粉工場を建て、水力による粉造りから電力による製粉業に切り替えた。

同時に機械による製麵業（主として、機械うどん）にも手を広げ、粉の製造に加えて、付加価値の高い麵の製造にも力を入れた。

太平洋戦争が始まるまえの、五歳のとき、父に連れられて六歳上の兄と三人で、吉野山の桜見物に行った。

新品のサージの服に、半ズボン、編み上げの革靴に帽子を被った、おのぼりさんの出で立ちで、早朝の汽車に乗り、大阪経由で近鉄に乗り、昼前に吉野山に着いた。

休憩所で軽く昼食をとり、おそらく上千本の展望台と思われるが、階段を上り、展望台に着くと、大人の人で混んでいて前に進めない。咲き誇る桜を早く見物したいのに、もたもたしていた時、海軍の将校が五〜六人展望台に上ってきて、いきなり、そのうちの一人が私を肩車して、大人の頭越しに、吉野の桜を見せてくれた。

海軍の将校さんのとっさの親切に大変驚いた。父は丁寧にお礼を言っていた。

別れ際に、その将校さんは「坊や、これ、チョコレートだけど、持って行きなさい」と言って、チョコレートを二〜三枚頂いた。

初めて食べたチョコレートは、甘苦い味だった。

金筋が入り、軍艦の紋章をつけた帽子を被り、上下真っ白な制服を着て、腰に短剣を下げた将校さんの姿は、凜々（りり）しく、カッコ良く、幼い子供にとって、憧れの的だった。

終戦後、二度ほど、吉野の桜見物をしたが、あの幼少年期の、海軍の将校さんの事を思い出し、無事で終戦を迎えられたか、気になった。

敗色濃くなった一九四四年（昭和十九年）から、終戦までの約二年間の夏休み期間に、姫路に駐屯していた陸軍の中隊（約二百人）が我が村の神岡小学校の講堂と校庭に野営して、内戦に備えて、訓練をしていた。

我が家は、この中隊長の宿泊場所に指定されていたので、宿泊のため軍馬に乗った隊長は、馬周り兼護衛兵一人連れて、学校から徒歩で六〜七分の距離にある我が家へ通って来た。礼儀正しく、気品のある将校さんは、物静かだった。夕飯時は何時も父がお相手をしていたが、お酒は決して口にしなかった。

馬周りの兵隊さんは、まず初めに、近くの小川に軍馬を引き入れ、丁寧に馬を洗った。そして、馬に秣（馬の飼料）を与えてから、遅い夕食を取っていた。

野営していた部隊は、一九四五年（昭和二十年）八月の終戦まえに、跡形もなく元の状態に戻して、引き揚げていった。

我が家を宿泊所とした隊長さんは、引き揚げる前に、どっさり缶詰を置いて行った。

幸い内地勤務で終戦を迎えた姫路駐屯部隊は、無傷で解散となりラッキーだった。

戦後、父は、自宅の庭（前栽）を更に三百坪ほど追加拡張した。庭には、築山や、東屋を建て、大きな庭石の間から滝を流し、大きな池を掘って、石橋を渡した。

塀の外の道路に二か所の暗渠を造り、暗渠を小川につなぎ、上流の取水口から川水を取り入れ、排水口から川へ排水した。新鮮な水の補給は庭の隅に井戸を掘り、モーターで汲み上げて、滝水とした。池には二十尾程の鯉を放った。

奥には、須磨の別荘から茶室を移築して、四季折々、庭の景色を眺めながら茶の湯を楽しんでいた。

その後、趣味が高じて、母屋の北側にも築山、滝、池等を取り入れ、二百坪程の庭を造った。従って、母屋の北側、西側、南側と三方庭に囲まれ、春夏秋冬、庭を眺め、茶会をして余生を楽しんでいた。

月遅れのお盆には、兄弟姉妹（八人）とその連れ合いが生家に集まり、お盆の行事を終えた後は、父は必ず茶会を催し、楽しいひと時を共にした。

第2章　大東亜戦争という悪夢

武相荘 （水彩６号）

大東亜戦争（太平洋戦争）は、私が国民学校（小学校）一年生の一九四一年（昭和十六年）十二月八日に始まった。私は子供の頃はひ弱くて、よく風邪をひいて喉がやられ、熱を出し学校を休んだ。また、冬は必ず首に湿布を巻いて登下校していた。

当時は国民学校一年生から六年生及び高等科一年、二年生まで各集落毎に二列縦隊で登下校した。校門の両側に高等科の上級生が交代で登校する生徒を監視していて、校門で奉安殿（天皇陛下のご真影・教育勅語謄本などを奉安した施設）に最敬礼をさせられた。

真冬の時期でも校門の手前で靴下を脱がされ、校内に入り、ストーブも無い教室で勉強させられた。従って風邪を引いては夜中に高熱を出し、朝方まで苦しみ唸って、母を煩わせた。

国民学校三年生から繁農期には出兵した農家へ勤労奉仕に出かけ、低学年を先頭に横一列になり、稲刈りを手伝った。手の小さい三年生は稲束一株を鷲掴むのが精いっぱいだった。一人四株が当てがわれ、高等科の上級生は四株を楽々と鷲掴みして、一人右後方から下級生を追い立て、遅いと鎌で尻を叩かれ必死で稲刈りをした。

兵隊さんには休日はなく一週間は「月月火水木金金」でお国のために滅私奉公しておられるから、我々もお国のために土日返上であった。国民学校三年生から高等科二年生まで、山へ薪用の枝落としや松根掘りに駆り出された。

お陰で弱かった身体が強くなり、風邪も引かなくなったが、こんな生活がいつまで続くのか、果たしてこんな事で戦争に勝てるのか、子供心にも大変不安な毎日だった。

姫路の空襲は、一九四五年（昭和二十年）六月二十二日午前九時過ぎに警戒警報がなり、その後十時前後に一時間にわたって川西航空機姫路製作所が爆弾攻撃をうけた。

次に、昭和二十年七月三日から四日の未明にかけてB‐二九爆撃機百六機が飛来して、姫路市を焼き尽くした。幸い姫路城だけはほぼ無傷で焼け野原の真ん中に残った。

かくして、終戦間近の七月に姫路に二回の大空襲があり、姫路城を残して、ことごとく焼き尽くされた。戦時中、姫路城の天守閣、櫓、土塀に至るまで黒い偽装網で覆い、白鷺城を黒鷺城に変えたためかどうか、不明だが、焼けずに残った。

我が家は姫路から一五キロメートルほど西にあり、姫路の大空襲で我が家の頭上はB‐二九爆撃機の旋回ルートとなっていた。未明までB‐二九爆撃機の轟音が絶えることなく、東方の姫路の上空が市街地の炎で真っ赤に染まり、消えることがなかった。

この愚かな戦争のきっかけは、海軍は勿論のこと天皇陛下も「日独伊の三国同盟の推進」に反対されていたにも拘らず、当時の陸軍中枢が強引にも三国同盟を推進したためである。

山本五十六は一九一九年（大正八年）四月に米国駐在を命じられ渡米。約二年間、ハーバード大学に留学もしている。また一九二五年（大正十四年）十二月一日、米国大使館付武官の発令を受けて翌年一月二十一日に出発。これらの米国駐在経験から、米国の油田、自動車産業、飛行機産業とそのサプライチェーンをつぶさに視察して、「彼我の生産、流通の圧倒的な差に、強い衝撃を受け」、もし「米国と戦争すれば、日本国は滅びる」とまで言って、三国同盟の締結に猛反対した。

しかし、ついに一九四〇年（昭和十五年）九月二十七日にベルリンのヴィルヘルム・シュトラーセ総統官邸で日独伊の三国同盟が調印された。

その後、山本五十六は「三国同盟の締結反対は、あたかもナイヤガラ瀑布の一～二町（一〇九～二一八メートル）上流で、流れに逆らって船を漕いでいる如きもので、無駄な努力をしたものだ」と、深いため息をついたとのことである。

山本五十六が次官時代に命を懸けて三国同盟反対の姿勢を貫き通したので、米内光政は、「二・二六事件」のように山本五十六次官が刺客に狙われる危険を感じて、配置転換を考え、連合艦隊司令長官に発令し、やむなく東京から呉の軍港に停泊していた戦艦長門に異動した。

案の定、日本の三国同盟の調印後、米国は報復措置として、一九四〇年（昭和十五年）九月二十六日に屑鉄の全面禁輸を皮切りに、翌年の一九四一年（昭和十六年）八月に石油の対日全面禁輸を発表した。

米軍による暗号解読の歴史は古く、一九二二年（大正十一年）のワシントン軍縮会議に臨んだ日本政府の極秘文書は、すでに米軍により手に取るように読まれていた。

米国の「ブラック・チェンバー」という組織は、事前にワシントンに赴いた日本政府の代表と本国外務省との暗号電文のやり取りを完全に解読していた。

また、第二次世界大戦前から戦中にかけて、駐ドイツ特命全権大使を務めていた大島浩陸軍中将と日本の外務省との交信は完全にマークされ、傍受、解読されていた。

英国チャーチル首相は一九三九年（昭和十四年）九月三日に対独宣戦布告して、英独間の戦争が始まった。そして、一九四〇年九月から一九四一年（昭和十六年）五月にかけて、ドイツはイギリスに対して大規模な空襲をおこなった。

このため、チャーチル首相は米国のルーズベルト大統領にヨーロッパ戦線への参戦を再三再四依頼したが、当時の米国は厭戦ムード真っ盛りだった。

従って、ルーズベルト大統領にとって、日本の軍部が一九四一年（昭和十六年）十二月七日（米国時間）に真珠湾へ奇襲攻撃したことは、格好の米国参戦口実となり、米国若者の兵役志願を募り、多くの若者がこれに答えた。

かくして、三年八ケ月間という長くて、悲惨な太平洋戦争が始まった。

当時の日本軍部内で、誰よりも米国人の気質をよく知っていた山本五十六司令長官は、陸軍が強く主張していた「初戦は南方方面作戦、即ち、オランダが統治していたインドネシアの石油基地とシーレーンを攻撃して、確保する作戦」を敢えて覆し、「いきなり真珠湾とフィリピンの軍港を同時に攻撃する作戦」を立てた。

これによって、米国民の感情は、対独戦線でなく、対日戦線に向かい、かつ日本の不意打ち作戦を大々的に喧伝し、「卑怯な日本憎し」で、太平洋戦争が始まった。

「いざ鎌倉」という難局時の米国民の底力を、誰よりも熟知していた山本五十六は、何故、真珠湾攻撃という愚かな作戦を押し通して実行に移したのか。今では、その真意を知る由もない。

案の定、ルーズベルト大統領は、この山本五十六司令長官の作戦を「格好の餌食」にした。

かくして、米国民は厭戦ムードから一転して、兵役志願者が続出する参戦ムードに変わり、強大な財力と技術力で、原爆を製造し、投下するという人類史上初めての試みで、日本の敗戦を迎えるという結果に終わった。

米国海軍は、真珠湾に配備していた二隻の空母のうち、十一月二十八日にエンタープライズをウェーク島に向けて出港させた。また、レキシントンを十二月四日にミッドウェーに向けて出港させている。

従って、真珠湾奇襲攻撃の時、真珠湾に残っていたのは、戦艦、巡洋艦、駆逐艦のみで、最大の攻撃目標だった二隻の空母は早くも真珠湾を抜け出し、もぬけの殻だった。

真珠湾攻撃の七日前の一九四一年（昭和十六年）十一月三十日時点で、すでにルーズベルト大統領は「数日のうちに、日本が真珠湾攻撃を仕掛ける」とハル国務長官に話し、その後の推移を見守っていた。

また、十二月六日に日本の外務省からワシントンのアメリカ大使館の野村吉三郎大使宛に宣戦布告にあたる交渉打ち切り通告である「対米覚書」が送信されたが、アメリカ側はこれを傍受し、解読翻訳して、その日のうちにルーズベルト大統領に渡していた。

しかるに、すでに解読されていることを知らないワシントンの野村大使は本国からの暗号による指示書の解読、清書、タイプに手間取り、ハル国務長官に面会したのが、十二月七日の午後二時二十分だった。

ワシントン時間の午後二時二十分は、すでに日本海軍が真珠湾を攻撃をした一時間以上も経過した後であった。

米国は日本からの最後通告である「対米覚書」をすでに暗号解読しておきながら、野村大使から再三にわたりハル長官にアポイントメントの申し出を遅らせ、その結果、「日本は真珠湾を無警告攻撃をした卑怯な国である」と米国内外に宣伝した。

これにより、米国の若者が続々と兵役志願した。

暗号電文の傍受、解読だけでなく、技術面において米国の研究開発の進歩は目覚ましく、すでに開戦時には真珠湾にレーダー網を張り巡らして、レーダーの作動テスト中に真珠湾攻撃を受けた。

それは、米国の技官が十二月七日（日）の早朝に戦闘機約五十機をオシロスコープで識別して、上官に伝えたが、実際に多くの戦闘機を飛ばし実務訓練をする日だったので、戦闘機約五十機が低空飛行で、しかも予定時間より早い時間に飛来しているという報告を受けた上官は、友軍機の飛来と判断しその報告を守備隊のトップに上げなかったという報告が記録されている。

開戦から半年後の一九四二年（昭和十七年）六月五日から七日にかけて、米国領ミッドウェー島付近で行われた「ミッドウェー海戦」で、山本五十六司令長官は、一気に米国の太平洋艦隊の空母を殲滅して、太平洋の制海権と制空権を確保すべく、日本海軍の総力を挙げて臨んだ。

しかし、日本海軍が投入した空母四隻、艦載機二百九十機、将兵三千五十七名をことごとく失った。

山本五十六司令長官は「開戦後一年やそこらは、暴れてみせます」と豪語していたが、開戦後僅か半年で、大敗北を喫した。しかし、東條内閣はこの事実をひた隠しにして、終戦まで一切発表しなかった。

この敗北の大きな理由の一つは、米国の軍部はすでに、海軍基地にはレーダー網を張り巡らしていたし、航空母艦は勿論、その他の艦船にもすでにレーダーを備えていた。このように、米国は戦時下でも絶え間なく技術向上を計っていた。

一方、日本海軍は旧態依然として偵察機を飛ばして敵の動向を探るやり方で、これでは、すでに勝敗に大きな影響を及ぼす技術力の差が歴然としていた。

ちなみに、B-二九爆撃機（Boeing B-29 Superfortress）は、一九四二年（昭和十七年）九月に初飛行して、テストを重ね一九四四年（昭和十九年）五月に運用開始している。

B-二九爆撃機の日本本土への出撃総数は三万三千四百機でこのうち、B-二九爆撃機の総損失機数は、わずか四百八十五機で、搭乗員は三千四十四名戦死した記録がある。

一方、東京大空襲の一つを例にあげても、東京にB‐二九爆撃機が約三百機も飛来して、無差別爆撃を受け、被爆被災者は約三百十万人、死者は十万五千人以上に及んだと言われている。この一例だけ見ても、彼我の損害の違いは歴然としている。

米国の原子爆弾の開発プロジェクト（Manhattan Project）は一九四二年（昭和十七年）二月に米国テネシー州オークリッジで土地の取得から始まり、突貫工事でウラン濃縮施設を建設し、ウラン濃縮を開始した。

さらに、一九四三年四月にワシントン州ハンフォードのインディアン・テリトリーの広大な土地を取得して、プルトニウム爆弾の生産施設の建設に着手した。

一九四五年（昭和二十年）七月十六日に米国ニューメキシコ州で人類史上初のプルトニウム爆弾による原爆実験（トリニティ実験）が行われた。原爆製造の土地をオークリッジで取得してから最初の原爆実験を行う迄、三年五ケ月間という超特急で米国は原爆四個を作った。

米国は、原爆開発のリーダーであるオッペンハイマー他八十五名の著名な学者を筆頭に、十万人を越す人々を結集して新爆弾を開発する力とこれを支える十分な財力を有していた。

戦前の山本五十六次官は、途轍もなく底力のある米国とは決して戦ってはならぬと警笛を鳴らし続けたにも拘わらず、本人自らの対米奇襲攻撃で戦争を始めた。

このような無謀な戦争を始めた国が過去にあったであろうか？

ちなみに、米国が原爆開発プロジェクト（Manhattan Project）に要した費用は当時の貨幣価値で二十二億ドル程と言われている。これは、当時の日本の国家予算に匹敵する額である。

米国はヨーロッパ戦線と太平洋戦線の二方面での同時戦争でありながら、経済力と技術力、そして、インテリジェンス（諜報力）を駆使して、勝つべくして勝ったのである。

歴史小説家の司馬遼太郎は、一九三九年（昭和十四年）五月〜九月に、満洲と蒙古との国境で発生したソ連と日本陸軍との紛争（ノモンハン事件）と「太平洋戦争」については歴史小説として、執筆するに値しない戦争だと述べている。

忌まわしい戦争で何百万という多くの尊い命が奪われた。終戦から七十九年経った二〇二四年（令和六年）現在でもなお、原爆の後遺症等で苦しんでおられる多くの被爆者の苦しみを知らずしてすでに幽明境を異にした当時の日本軍部のリーダー達の責任の重さは計り知れないものがある。

その禍根は深く歴史に刻まれ、長く消え去る事はない。

第3章　初めての上京

東京駅（水彩６号）

一九四九年（昭和二十四年）七月二十三日（土）、夏休みを利用して神戸駅始発の夜行列車に乗り東京へ初めて一週間の旅に出た。

終戦後四年しか経過していない当時の神戸は焼け野原が点在し、駅の構内は改札口を通って汽車に乗る以外何の設備もなかった。

リュックサックにお握り、水筒、米、衣類、地図と本等を詰めて、四人がけの夜行列車に乗り東京へ向かった。

日曜日の朝の東京駅は思ったより閑散としていた。早速、東京駅前から池袋方面行きの路面電車に乗り大曲を経由し護国寺下で下車して、兄が間借りしていた豊島区雑司が谷一丁目の閑静な住宅街にある藤森家を訪ねた。

生憎、兄は大学の乗馬クラブの対抗戦で早朝から出かけていて、夕方まで帰って来なかった。

藤森家とは遠い親戚関係にあった関係で、兄は二階の一間を借りてはや四年目を迎えていた。戦後四年経った当時も都会は大変な食糧難だったので、米、乾麺、野菜などを駅留めの「チッキ」（乗る時預けた荷物を行先の最寄り駅で受け取るサービス）で送り、藤森家への手土産とした。皆さんに大変喜ばれ、これは盆と正月が一緒に来たようだと言われた。

ちなみに、藤森家の当主は東京高等工業学校（現在の東工大）を卒業後、昭和電工に入社し、創業者の森矗昶（もりのぶてる）氏とは昵懇の間柄と聞いていた。

私が上京した第一の目的は、中学時代に口径五センチメートルの屈折望遠鏡を手作りして、月や星を観測するのを趣味としていたので、是非三鷹にある東大付属の東京天文台（現在、国立天文台）を見学したいためだった。

早速、翌日の月曜の朝、兄が三鷹にある東京天文台の正門前迄連れていってくれたが、兄とは正門前で別れ私一人で東京天文台を訪問した。予約なしの訪問だったが、親切にも東京天文台の若い技師に三時間程丁寧に案内してもらい、子供心にも小躍りする気持ちで熱心に説明を聞いた。

東京天文台では、第一赤道儀室に設置されたドイツ、カールツァイス製の口径二〇センチメートル屈折望遠鏡が一九三八年から六十一年間も太陽黒点のスケッチ観測に貢献しており、また大赤道儀室では口径六五センチメートルの屈折望遠鏡が設置されていて、星の位置測定等に使われてきた。屈折望遠鏡としては、当時日本最大口径の望遠鏡である。

その他、東京天文台には色々な観測機が設置されていて、じっくり見学するには、いくら時間があっても足りないように感じた。当時の三鷹はまだ人口もまばらで、広い敷地に各種の観測所が点在し、天文観測には申し分なかった。

私が訪問した時は、充分な予算が付かない、戦後間もない時期だったので、機材は古く、修理を重ねて使われていた。

これに対して、すでに米国では、カーネギー財団や著名な資産家から膨大な寄付を受けて、潤沢に天文台を運営していた。

例えばカリフォルニア州ウィルソン山天文台はカーネギー財団や慈善家のフッカー氏の寄付で当時最大級の口径一〇〇インチ（二・五メートル）のフッカー望遠鏡が一九一七年に完成し、天体観測を行っていて、多くの発見をした。

例えば、第4章（二）「ハッブルの偉業」で述べるエドウィン・ハッブルは、このフッカー望遠鏡を使って、それまで天の川銀河（直径十万光年）のなかにあると信じられていた「アンドロメダ星雲」は天の川銀河の外にある「銀河」で、二百五十光年の彼方にあるという、天文学上の大発見をした。

日本の光学機器の製造技術は、戦前から優れていて、多くの光学機器を開発していたので、日本もその内に米国の大口径望遠鏡の製造技術に負けず劣らず、大口径望遠鏡を造り、宇宙の謎の解明に多大な貢献をする日が必ずくると、私は固く信じていた。

上京した第二の目的は江東区越中島にある東京商船大学（現：東京海洋大学越中島キャンパス）を見学する事だった。

東京商船大学には、二つの天体観測台が設置されていた。

一つ目の観測所は二階建ての第一観測所に、七インチ（一七・八センチメートル）の天体望遠鏡（赤道儀）が設置されていた。二つ目の第二観測所は平屋建小屋に、子午儀（子午線方向だけに動く望遠鏡）が設置されていた。

これらの観測所は、航海士にとって天文航法の知識は必須だったためである。

現在では衛星測位システム（ＧＰＳ）で船舶の位置、進路、方向、速度などを知ることが出来るので学ぶ必要がないという意見もあるが、ＧＰＳが使えなくなって、天測のデータが必要になったときに備えて、今後も天文航法の伝承を続ける必要があるため、活用されている。

西光寺（水彩６号）

正直言って、東京の街の見物には全く興味がなかった。これほどだだっ広い街に、戦後数年とは言え、緑が少なく、道幅は狭く、田んぼの畦道をそのまま舗装したような印象だった。世界の国々の首都で、東京ほど区画が整然としていない国は珍しい。ワシントンD.C.の如き、整然とした美しい首都は別にしても、江戸から東京になった明治以降も、江戸時代の街のまま、人口が増えるに任せて、アメーバの如く、継ぎ接ぎだらけの、行き当たりばったりの無計画な首都に見えた。「都」と称するには、ほど遠い街並みで、江戸城跡に宮城を移しただけの街に思えた。

奈良や京都は、古い神社仏閣が多いというだけで、米軍の空襲対象リストから除外されたのではなく、昔のままの美しい景観を留めていたからである。

例えば、チェコのプラハの街は、ドイツの占領下でも、連合軍は街の景観をそのまま維持し続けたし、その後ソ連が侵攻した時も、街の破壊はなかった。

東京は一九四四年（昭和十九年）十一月から終戦までに百六回の空襲で街は破壊されつくした。なかでも、一九四五年（昭和二十年）の三月十日は死者が十万人を越す大空襲があり甚大な損害を被った。

従って、東京の第一印象は、ただ広いだけの街に多くの人が、無造作に住んでいるとしか、思えなかった。

一週間足らずの東京での滞在を終え、夜行列車で帰途についた。

朝方の靄の中で、京都の東寺の五重塔を見た時は、ホッとする気持ちで、安堵感を覚えた。落ち着いた京都の佇まいは、流石に古都の雰囲気があり、故郷に帰って来たという思いであった。

第4章　天文を趣味として

土星の衛星から見た想像画（水彩３号）

（一）天文台物語

母校の龍野高校は、一九四八年（昭和二十三年）の学制改革に伴い、旧制龍野中学（一八九七年〔明治三十年〕設立）と旧制龍野高等女学校（一九〇六年〔明治三十九年〕設立）が統合して、兵庫県立龍野高等学校に名称変更したが、不幸にして終戦直後二度の火災に遭遇した。このため、私が入学した一九五〇年（昭和二十五年）の入学年は勿論、卒業年の一九五三年（昭和二十八年）迄木造二階建て木造建築での授業となり、廊下を歩けば敷き板がきしむ「ボロ校舎での授業」だった。しかし、生徒はとても意気軒高で、私は自宅から学校まで自転車で片道三十分ほどの道のりを通学した。

中学時代に、天文に興味を持ち、手製の五センチメートル屈折望遠鏡で月や火星、木星、土星等の惑星を夢中で観察した。従って、高校に入学すると、真っ先に部活は天文部と決めた。当時の天文部員は三十名程だったが、同期の入部者は殊に少なく井垣隆夫君と私の二人だけだった。

天文部顧問の吉田敏行先生は旧制龍野中学卒業の先輩で、一九四四年（昭和十九年）、広島高等師範学校に進み、教師免許を取得して、一九四八年（昭和二十三年）物理と化学の先生として龍野高校に赴任された。

吉田先生は、赴任後「日本人は戦時中憲兵の監視や空襲におびえ、下を向いて生きてきたが、これからは夜空を見て希望を持って生きてゆこう！」と生徒に呼びかけ、天文部を創設された。この呼びかけに呼応して、七十名という大勢の生徒が集まった。

早速、吉田先生の指導の下で、天体観測に必要な反射望遠鏡の製作と天文台造りを、天文部員一丸となって開始した。当時では国内最大級の望遠鏡と言われた口径二〇センチメートルの反射望遠鏡の手作りと、学校の裏山を開墾しての天文台造りに放課後の時間を充てた。

望遠鏡の心臓部である反射鏡や鏡面研磨と接眼レンズだけは外注し、それ以外は全て手作りだった。

当時の教員の初任給が月額四百六十円で、反射鏡と鏡面研磨、接眼レンズの外注費用のみで初任給の約二十倍もしたが、創設間もない天文部には予算がなかったので、吉田先生は自腹を切って購入された。この吉田先生の並々ならぬ熱意に応えるべく、部員一同、天文台の完成に向けて大いに汗をかいた。

なお、当時の木造校舎では強度上校舎の屋上に天文台を設置することは不可能だったので、校舎の裏山が選ばれた。このため、天文台へのアクセス歩道、天文台敷地の整備、反射望遠鏡用の基礎等、多くの作業は部員一同の手作りだった。

一九四八年（昭和二十三年）の初冬、反射望遠鏡本体の組み立ては完成したが、まだ天文台は完成半ばだったので、吉田先生と先輩達は重さ一二〇キログラムの反射望遠鏡を校庭に運び出し、早速天体観測を始めた。戦時中は勤労奉仕に駆り出され、夜間は外出禁止令が出ていたので、吉田先生や先輩達は夜星をまじまじと見る機会がなかった。初めて、校庭で観測した冬の星座、特にダイヤの如く輝く、牡牛座のプレアデス星団（日本名「すばる」）を眺めた時、吉田先生始め一期生の先輩達は星座の美しさに見惚れ、全員感激のあまり落涙したという。

一九四九年（昭和二十四年）夏、待望の「龍野天文台」が完成した。

私が天文部に入部した一九五〇年（昭和二十五年）は、二〇センチメートル反射望遠鏡の鏡面精度の向上のため、鏡面研磨を外部に依頼したり、追尾システムを改良したり、天文台までの山道を更に整備しながら、天体観測を楽しんだ。

冬の夜空は四季のうちで、空気の揺らぎがもっとも少ないので、観測は主として冬に行ったが、秋は、惑星観測が素晴らしく、専ら惑星観測が主役だった。

天体観測は、穏やかな晴天の夜に限るので、部員達は前日の夜、NHKラジオの第二放送を聴きながら、気象庁規格の天気図用紙に南は石垣島から北は稚内までの二十九各観測所の風向、風力、気圧、気温等を記入した。各自がそれぞれ、等圧線を書き入れた天気図を作図して、翌日に持ち寄り、週末の気象状態を検討した。

NHKラジオの深夜放送で、早口言葉で流れる二十九観測所の観測項目を、聞き、書き写す作業は、かなりの集中力が必要で、慣れるまでに失敗の連続だった。

観測日は週末の土曜日と決め、このなかで天気の安定した日の夕方、有志が部室に集まり、筆記用具、カメラや懐中電灯等必要なものを手にして、裏山の天文台に登り、深夜までの観測を楽しんだ。

観測は、丑三つ時（午前二時）に及ぶ事もあった。真冬の深夜の帰宅は、交差する車が一台もなく、暗い夜道を、無心に自転車を漕いで帰宅した。

このような経験は、高校時代の思い出がいっぱい詰まった青春で、今振り返ってみると、懐かしい思い出となっている。

龍野高校卒業後、一九六二年（昭和三十七年）に鉄筋コンクリート造の新築校舎が完成し、屋上に卒業生の寄付で、新たに「龍野天文台」が設置された。

天文部集合写真。左から２人目に顧問の吉田敏行先生
筆者は右から２人目（1951年11月10日）

これは、三代目の龍野天文台で、校舎改築の二〇〇七年（平成七年）までの四十五年間、多くの生徒を見守り続け、学習に多大の貢献をした。

なお、吉田先生は、「実験を通して物理や化学の法則を導き出す力を育てる事の重要性」を授業の基本方針とされ、実験主義の授業を慣行された。

吉田先生は龍野高校の第十四代校長に就任され、名校長としてその名を校史に残されている。

観測した四季折々の星座のなかで、「冬の星座」と「夏の星座」について述べると…

① 冬の星座

冬の夜空は、「オリオン座」から観測が始まり、二個の一等星と二個の二等星が長方形を形成し、その真ん中に「三ツ星」が一列に並んでいる。このオリオン座の左上の一等星の「ペテルギウス」から、視線を左下に伸ばしてゆくと、「おおいぬ座」の「シリウス」、左側に正三角形をつくると、「小犬座」の「プロキオン」を見つけ、この三星が描く三角形が「冬の大三角」と呼ばれている。

オリオン座の右上隣の牡牛座の散開星団である「プレアデス星団（すばる）」は、肉眼で六個の星が「玉飾り」のように連なっているように見える星団である。

日本では、清少納言が『枕草子』のなかで「星はすばる、明星、」と星の第一に「すばる」の名をあげ、その美しさを讃えている。

ちなみに、「すばる」とは「まとまる」という意味で「統べる」からきた言葉と言われていて、また「昴（スバル）」とも書くが、プレアデス星団を中国語では「昴宿」と書くので、これからとったものである。

なお、「プレアデス」とは、ギリシア神話に登場する巨人アトラスの七人の娘たちのことである。娘たちは狩人オリオンに追われて「鳩」になり、神々の王ゼウスが、これらの鳩を星にした。このうちの娘一人は彗星となって飛び去ったので、天空には六個の星となっている。神話は面白い。

なお、「すばる」は四百三十二光年の彼方にあり、六千年程前に誕生した約五百個の若い星からなる散開星団で、太陽の千倍も明るく、青白い光で輝いている。寿命は短く、約一億年で消滅すると言われている。

オリオン座の「ベテルギウス」は赤色超巨星で、太陽の六百五十倍の直径である。

仮に、ベテルギウスを太陽の代わりに太陽系の中心に置くと仮定すると、火星まですっぽり飲み込まれ、ベテルギウスの最外表面は小惑星帯まで届く超巨星である。

② 夏の星座

夏は、天の川銀河が最も美しく見える季節で、夏の星座はこの天の川銀河の両側に沿って輝いている。

この天の川銀河の中ほどに、三つの明るい星があり、最も明るい星が「こと座」の「ベガ」、二番目が「わし座」の「アルタイル」、三番目が「白鳥座」の「デネブ」である。

この三つの星で形づくる二等辺三角形が「夏の大三角形」で、これらの星は古くから「七夕の星」として、親しまれてきた。

なかでも、七夕伝説で有名な、こと座の一等星ベガ（織姫）と、わし座の一等星アルタイル（彦星）が天の川を挟んで引き離された恋人たちの姿として思い浮かべられる。

この二つの星は年に一度七夕の日に逢うという伝説だが、実際は二つの星は十四・四光年も離れているので、光の速さで会いに行っても十四年半もかかってしまう。

しかし、この七夕伝説は、夏の夜空を眺め、想いを馳せるロマン溢れる物語である。

「さそり座」は、黄道十二星座の一つで、天の川に大きなS字型で横たわっている星座である。日本では「夏の大三角形」と共に夏の星座として親しまれ、南の空に輝いている。

古代ギリシアの神話では、大地の女神ガイアの命により、猟人オリオンを刺し殺した蠍（さそり）の姿で、その心臓の位置で輝く「アンタレス」を日本では「赤星」、中国では「大火」と呼んでいる。

「アンタレス」という名は、「アンチ・アレス」（火星に対抗するもの）という言葉に由来すると言われている。これは、火星が大接近する季節が常に夏のシーズンなので、さそり座の近くで、明るく輝く火星に対抗して名付けたと言われている。

アンタレスは、オリオン座の「ペテルギウス」と並んだ赤色超巨星で、最も赤い一等星である。

なお、さそり座の辺りには、散開星団、球状星団、惑星状星雲など明るい星団が多くあり、二〇〇〇年（平成十二年）六月にアルゼンチンのアマチュア天文家が、さそり座の頭にある「δ（デルタ）星」の明るさが二・三等星から一・六等星迄変わる事を発見して、話題になった。変光星は四百年程前から発見されていて、現在までに数万個が発見され、研究されてきた。

例えば、次の第4章（二）の「ハッブルの偉業」で述べるように、銀河の中にセファイド型変光星が発見されると、この変光星が属している銀河までの距離が計算出来るようになった。そのため、多くの天文家が、絶えず夜空を眺めて、変光星を探している。

（二）　ハッブルの偉業

エドウィン・パウエル・ハッブル（Edwin Powell Hubble）は一八八九年米国ミズーリ州マーシュフィールドで生まれた。

一九〇七年、シカゴ大学に入学し、主として数学と天文学を学んだ。

一九一〇年にシカゴ大学を卒業し、オックスフォード大学の奨学生に選ばれ、オックスフォード大学で三年間、法学を学び修士号を取得した。その後米国に戻り法律事務所に勤めた。

第一次世界大戦が始まり、米国が参戦した後すぐ志願して軍隊に入隊したが、除隊後、シカゴ大学ヤーキス天文台で天文学の研究に従事して、一九一七年博士号を取得した。

二年後の一九一九年、カーネギー研究所のウィルソン山天文台（Mount Wilson Observatory）の職員として勤務を始め、一〇〇インチ（二・五メートル）のフッカー望遠鏡で観測を始めた。

ハッブルはウィルソン山天文台での活躍で天文学上輝かしい業績を残した。

また、カリフォルニア州サンディエゴの山頂のパロマー天文台（Palomar Observatory）にロックフェラー財団の寄付で二〇〇インチ（五メートル）ヘール望遠鏡（完成当時、世界最大）が建設され、一九四八年にファーストライトを迎え、ハッブルはこの望遠鏡の最初の利用者となった。

ハッブルは、（A）「アンドロメダ星雲は（天の川銀河とは）別の銀河の発見」、（B）「膨張する宇宙の発見」、（C）「銀河のハッブル分類」、の業績で「現代の天文学上の巨人として」その名を残した。

天文学のなかで最も難しい課題の一つは「星や銀河までの距離を測ること」である。

(A) アンドロメダ星雲は別の銀河

天の川銀河に属する太陽系は、天の川銀河の中心から二万六千百光年離れたところにある。アンドロメダ星雲も太陽系が属する天の川銀河（直径十万光年）の内にあると考えられていた。

一九二四年、ハッブルはアンドロメダ星雲のなかに「セファイド型変光星」を見つけ、後で述べる③の方法で、その変更周期と見かけの明るさの関係から、実際はアンドロメダ星雲は天の川銀河から約九十万光年の彼方にある全く別の「渦巻き銀河」であることを発見した。

この事は、当時の天文学上画期的な発見だった。

その後、より精密な観測結果、アンドロメダ銀河は天の川銀河より二百三十万光年の彼方の銀河であると修正されたが、ハッブルの偉業は変わらない。

ハッブルは、セファイド型変光星の変更周期を観測して、基準の星と変更周期が同じかどうか検討した。変更周期が同じであれば、星の本来の明るさは同じである。しかし、見つかった星が見かけ上、基準の星より暗く見えるのは「そのセファイド型変光星」が遠くに存在するためであり、このことによって、基準の星の何倍の遠い位置にあるか計算できる。

地球から星や銀河までの距離の測定は、以下の幾つかの方法で行う。その方法を述べると…

①「月」や「惑星」までの距離は、電波を当てて戻ってくるまでの時間を測れば正確に距離がわかる。
② 地球から「比較的近い太陽系外の星」までの距離は、「年周視差」から求められる。

夏と冬とでは見える星の角度が変わるので、その半分を「年周視差」と言い、そこで、年周視差（角度）が分かると、地球の半径は分っているので、三角測量で星までの距離がわかる。

右記②の年周視差から距離を求める事が出来るのは、せいぜい数百光年以内の近い星に限られる。

③ これより遠い星や銀河は年周視差が非常に小さくなり、現在の望遠鏡の分解能では視差を測ることが出来なくなる。

そこで、年周視差で測れない遠い星や銀河は「セファイド型変光星」を目印にして距離を測る。

星のなかには、時間の経過とともに明るさが大きく変化する星があり、これを「変光星」と呼ぶ。秋の星座のカシオペヤ座と北極星の間に「ケフェウス座」があり、ケフェウス座のデルター星は色と明るさの対比が美しい二重星で、膨らんだり、縮んだりして明るさを変える「脈動変光星」である。（ちなみに、脈動は赤色巨星が温度の上昇で膨張し、膨張で表面

温度が下がり、収縮して脈動を繰り返す）

この様な変光星を「セファイド型変光星」（Cepheid Variable）と言い、変光周期は一日～百日で、「変光の周期が長いほど変光星の本来の明るさ（絶対光度）が明るい」ことがわかっている。

この「セファイド型変光星」は他の多くの星座にも発見されている。

そこで、「同じ明るさの星は同じ周期で明るさを変える性質を持っている」ので、地球から比較的近い星で、年周視差から距離が分かっているセファイド型変光星を見つけ、その星の明るさと変光周期の関係を調べる。これを基準にして、見つかった星が見かけ上、基準の星より暗く見える場合は、そのセファイド型変光星が遠くにあるためで、基準の星の何倍の位置にあるか、計算して距離を算出する。

④セファイド型変光星で測れる距離はせいぜい五千万光年迄である。

さらに遠い銀河までの距離は銀河のなかで「超新星爆発を起こした星」を利用する方法をとる。

超新星爆発の際の本来の明るさは、どの超新星爆発も同じと考えられているので、セファイド型変光星によって距離がわかっている銀河のなかで、超新星爆発を起こしている星の見かけの明るさを基準にして、さらに遠くの銀河のなかの超新星爆発の見かけの明るさを測れば、その銀河までの距離が分かる。

このように、遠方の天体までの距離はいくつかの「はしご」を継いで算出する。

(B)膨張する宇宙の発見

一九〇〇年代初期までは、「天の川銀河のみが宇宙」と考えられていた。そんな時代に、ハッブルがアンドロメダ星雲は天の川銀河の外にある別の銀河である事を発見して、天の川銀河以外にも天の川銀河と同じ銀河があることが、初めて分かった。

一九二五年から、ハッブルはウィルソン山天文台で遠くの銀河を観測して、遠くの銀河からの光は、「赤方偏移」することを研究していた。すなわち、遠くの銀河から送り届けられる光のスペクトルを観測すると、すべてについて波長が伸びていた。ドプラー効果によるものである。

この波長の伸びる割合は天の川銀河から四方八方に同じ割合で、時間と共に遠ざかることを意味している。

このことは、宇宙の空間がどこもかしこも一様に等方向に拡大していることを示している。

この観測結果は「ハッブルの法則」として、次のように表記された。

「銀河の後退速度」＝「銀河の距離」×「H。」

「H。」が現在の宇宙膨張率を示す「ハッブル定数」で、この「H。」が大きければ大きいほど、同じ距離にある銀河の後退速度（膨張速度）は大きくなる。

ハッブル定数は、初めから分かっている値でなく、セファイド型変光星を使って観測し、これに基づいて算出した値である。

ハッブルが宇宙の膨張を発見した当時、ハッブル定数は５００キロメートル／Ｓ（＝秒）／Mpc と算出された。

ここで使われた単位の Mpc は、Megaparsec（メガパーセク）と呼び、一メガは百万なので、百万パーセクである。

なお、一パーセクは一天文単位（太陽―地球間の距離）が一秒角を張る距離をいう。すなわち年周視差が一秒角の天体迄の距離を一パーセクと定義しているので、一パーセクの値は三・二六光年となる。

従って、一Mpc（メガパーセク）の単位は三百二十六万光年なので、これが宇宙の物差しの基本単位となっている。

その後、上記のハッブル定数「H。」５００キロメートル／S／Mpcという値はハッブルの測定ミスと分かり、ウィルソン山天文台のドイツ人のヴァルター・バーデの観測で「ハッブル定数」を、半分の２５０キロメートル／S／Mpcと訂正した。

その後、ハッブルが亡くなった一九五三年以降は、「ハッブル定数」を多数の天文学者が観測し、観測ごとに違う結果を発表したが、一九九〇年四月、ハッブル宇宙望遠鏡が宇宙に打ち上げられ観測精度が数段向上し、「ハッブル定数」は70キロメートル／S／Mpcと修正発表された。

更に、その後、米国・宇宙望遠鏡科学研究所のアダム・リース博士のチームは、ハッブル宇宙望遠鏡を使って、銀河のセファイド型変光星とIa型超新星を使って、ハッブル定数の精度を更に向上して、「73・45±1・66キロメートル／S／Mpc」という値を算出した。

このようにハッブル定数が定まらないのは、宇宙の膨張の加速度自体が一定の値ではなく、時間と共に変化していると考えられているためである。

その後、二〇〇一年、アメリカ航空宇宙局（ＮＡＳＡ）は宇宙背景放射のゆらぎを観測するため、ＷＭＡＰ（ウィルキンソン・マイクロ波異方性探査機）を打ち上げ、宇宙の膨張率、宇宙の物質密度、宇宙の年齢（百三十七億年）等をまとめてより正確に観測した。

その時のハッブル定数を71±4キロメートル／S／Mpcと発表した。

更に、二〇一六年十一月のハッブル宇宙望遠鏡による観測でのハッブル定数を71・9＋2・4－3・0キロメートル／S／Mpcと発表した。

余談だが、欧州宇宙機関ＥＳＡ（European Space Agency）は、「プランク衛星を、ＷＭＡＰの後継観測衛星として、二〇〇九年に打ち上げ更に精度の高い観測を行った。この衛星の主目的は、「宇宙マイクロ波背景放射」の測定で、米国ＮＡＳＡが観測したデータより、高精度の宇宙背景放射地図が完成し、宇宙年齢を百三十八億年と公表した。現在も「宇宙年齢百三十八億年」が公認されている値である。

そして、次のデータを公表した。

①我々が、知っている宇宙の組成は四・九％のみである。
②知らない組成は九五・一％となる。
③この内訳は暗黒エネルギーが六八・三％、暗黒物質が二六・八％の割合で宇宙に満ち

ている。

「天の川銀河」に太陽のような恒星は約二千億個、円盤の差し渡しは十万光年もあり、われらが太陽は銀河の中心から約二万六千百光年のところに位置している。

なお、太陽系は毎秒二四〇キロメートルの高速で銀河の中心の周りを回転している。

もし、ケプラーの法則が当てはまるなら、太陽の周りを回転している八個の惑星や冥王星のように、銀河系の外にいけばいくほど、星の回転は遅くなっていくはずであるが、銀河系の外縁部（星が少ない領域）にいっても回転の速度は銀河系の中心付近の回転速度と同じであるという、驚くべき観測結果が公表された。

この理由として、多くの天文学者は星と星の間に暗黒物質が満ちているためであると考えている。

しかしながら、その暗黒物質は何から出来ているのか、その正体は現在のところ不明である。

ちなみに、イメージしやすくするために、現在の宇宙を縮尺一〇〇〇億分の一で眺めてみると、太陽は直径一・四センチメートル、地球はそこから一・五メートル離れたところを周回する〇・一ミリの球、最も遠い惑星の海王星の軌道半径は四五メートル、そして太陽に最も近い恒星のケンタウルス座プロキシマ迄の距離は、四〇〇キロメートルの彼方である。

我が天の川銀河には太陽のような星が二千億個もあるが、上記の縮尺で分かる通り、宇宙空間は文字通り、「スカスカ」である。


アインシュタインは「宇宙には始めも終わりもない静止状態である」と固く信じていた。そのため、一般相対性理論（一九一五年発表）に、「宇宙が物質の重力で潰れてしまわないよう、宇宙空間に押し返す力（斥力）を持たせて静的宇宙像を作りあげるための「宇宙項」が必要だと考えた。

一九一七年、アインシュタインは一九一五年に発表した一般相対性理論に「宇宙項」を追加した。

その後、一九二九年、ハッブルは、長年の観測結果に基づいて、「宇宙は膨張している」と発表した。

宇宙項を一般相対性理論に追加して、十四年が経過した一九三一年、五十二歳になったアインシュタインは、ハッブル（四十二歳）に会うため、ロサンゼルス郡、パサデナ郊外のサン・ガブリエル山系にある標高一七四二メートルのウィルソン山頂の天文台を訪れ、ハッブルから詳細に観測結果を聞いた結果、ついに宇宙は膨張しているという事実を認めた。そして、アインシュタイン方程式に「宇宙項」を取り入れたことを悔み、「宇宙項の導入はわが人生最大の不覚であった（Introduction of cosmological constant is the biggest blunder in my life）」と述べた。

確かに宇宙は膨張しているが、天体の重力によって減速しながら膨張しているはずだと、当時の殆どの天文学者は考えていた。

しかし、その考えを覆して、一九九八年、米国ローレンス・バークレイ国立研究所のソール・パールムッターのチームと、ハーバード大学のブライアン・シュミットやジョンズ・ホプキンス大学のアダム・リースは遠くの超新星爆発を観測して、「宇宙は単なる膨張に留まらず加速膨張している」という新しい観測結果を発表した。

この業績でパールムッター博士、シュミット博士及びリース博士の三名は二〇一一年にノーベル物理学賞を受賞した。

宇宙が加速膨張しているという事実は、宇宙に未知のエネルギー（暗黒エネルギー）が存在しているためであると、天文学者は解釈している。

ここで、アインシュタインのことを少し触れてみると、アインシュタインは十六歳（一八九五年）のとき、「特殊相対性理論」の発想が脳裏に浮かんだと「自伝ノート」に記し、「もし人が光の波を後ろから光と同じ速度で追いかけたら、どうなるか?」という疑問を思い浮かべ、自問自答が始まったと述べている。

そして十年後の二十六歳(一九〇五年)のとき、「光の速度は不変であるという原理」に基づいて、この年に「特殊相対性理論」を発表した。

即ち、光の速さは、どんな速度で動くものから眺めても一定である。

そして、伸び縮みするものや、質量の変化があるものは次の三項目であるという理論である。

①動くものは時間の進み方が遅くなる
②動くものは進行方向の長さが縮む
③動くものは質量(重さ)が増える

この特殊相対性理論から「エネルギーと質量が同じである」という結論が導きだされた。

即ち、有名な「エネルギーと質量の関係式」で表すと…

①物質が静止しているとき

$E=mc^2$

②物質が動いているとき、質量が増え、従って、エネルギーも増えるので、次の式で表わされる。

$$E = \frac{mc^2}{\sqrt{1-(\frac{v}{c})^2}}$$

m：静止時の質量、v：物質の速度、c：光速

次に、アインシュタインは特殊相対性理論の発表から一〇年後の一九一五年に、一般相対性理論を発表した。

即ち、「光速度不変の原理」の基で

①重力が強いと空間が曲がる
②重力が強いと光の進路が曲がる
③重力が強いと時間の進み方が遅くなる

この原理は、「質量を持つ物質が、周囲の時空に影響を与えること」を明らかにしたものである。

ちなみにアインシュタイン夫妻は、一九二二年（大正十一年）十一月十七日から十二月二十九日まで約六週間日本で過ごし、東京、仙台、名古屋、京都、大阪、神戸、門司、福岡等に足を延ばして、講演をしながら旅行を楽しんだ。

マルセイユから船に乗り、日本に向かっている船上の十一月十二日、「一九二一年度のノーベル物理学賞」をアインシュタインに授与するという電報が届いた。

授与の理由は「理論物理上の諸研究、特に光電効果の法則の発見によって」だった。

一般相対性理論が発表された一九一五年頃の物理学者さえ、アインシュタイン方程式を十分に理解していた学者は少なかったと言われており、同年に発表した光電効果の法則で、アインシュタインはノーベル物理学賞が授与された。

(C) 銀河のハッブル分類

現在の宇宙には様々な特徴を持つ銀河が存在するが、これらの銀河を分類する方法として、ハッブルは一九二六年、「多様な銀河を大きく二種類の銀河に分類する方法」を提唱し、〈A Relation between Distance and Radial Veiocity among Extra-galactic Nebulae〉という論文を米国天体物理学誌に発表した。

そして、ハッブルは一九三六年に、"*The Realm of Nebulae*"（邦題『銀座の世界』）を出版し、銀河の分類体系を示した。

ちなみに、天の川銀河は「棒状渦巻銀河」に属している。

近くの銀河を調べると、「楕円銀河」、「渦巻銀河」、「棒状渦巻銀河」の頻度は、それぞれ二〇%、四〇%、四〇%になっている。この系列以外に「不規則型銀河」といって、規則的な構造を持たない銀河がある。この銀河は全体の一%以下の頻度で観測されている。

天の川銀河から、十六・三万光年という近い距離にある「大マゼラン雲」と十九万光年の距離にある「小マゼラン雲」がこの不規則型銀河に属している。

このように、ハッブルは天文学上、大きな功績を残したにも拘らずノーベル賞を受賞していない。ハッブルの妻はこのことに疑問を抱き、ハッブルの死後、ノーベル賞の選考委員を努めていたエンリコ・フェルミに聞いた。エンリコ・フェルミは一九三八年にノーベル物理学賞を受賞していて、一九四二年、シカゴ大学で世界最初の原子炉「シカゴ・パイル」を完成させ、原子核分裂の連鎖反応の制御に史上初めて成功した物理学者である。

エンリコ・フェルミはハッブル夫人の質問に対して、「ハッブルは一九五三年のノーベル物理学賞の受賞者として、満場一致で決まっていたが、不幸にも受賞前に他界したため受賞出来なかった」と答えた。

確かに、ハッブルは一九五三年九月二十八日に逝去しており、現在では恒例によりノーベル物理学賞の発表は毎年十月の初めに行われている。

不幸にも一九五三年のノーベル物理学賞の発表数日前にハッブルは死亡したことになるので、その年に受賞出来なかったということか。

一九五三年のノーベル物理学賞は位相差顕微鏡の研究で、オランダの物理学者であるフリッツ・ゼルニケ（Frits Zernike）が受賞している。

もし、エンリコ・フェルミの言う通りだったら、発表日の五日前に急遽その年の受賞予定者を変更したことになる。

アナポリス兵学校遠望 （油彩 40 号）

いずれにしても、ハッブルの偉大な功績は、たとえノーベル物理学賞を受賞していなくても不変であり、ハッブルは、今後いつまでも天文学の巨人として称えられる。

エンリコ・フェルミについて、少し説明を加えると…

受賞の年、イタリアはファシスト、ムッソリーニの政権下であったため、エンリコ・フェルミは十二月に行われたストックホルムの授賞式に出席後、イタリアに戻らず、そのまま米国にわたり移住した。

その直後エンリコ・フェルミは、ドイツの化学者であり物理学者であったオットー・ハーンが核分裂実験に成功したニュースを聞いて、ドイツが原爆開発をはじめるのではと、大変心配した。

エンリコ・フェルミは原爆の開発製造プロジェクトである「マンハッタン計画」にも参加して、一九四四年、ロスアラモス国立研究所の上級アドヴァイザーとして、中心的な役割を演じた。

なお、ドイツのオットー・ハーンは一九三八年に原子核分裂を発見した功績で、第二次世界大戦中の一九四四年十月にノーベル化学賞を受賞している。

第5章　戦災を免れた大原美術館

白川郷（水彩６号）

龍野高校の「美術」は戦時中の旧制龍野高等女学校の教師だった稲垣万次郎先生がそのまま新制龍野高校の美術の担当となり赴任された。

私は一九五〇年（昭和二十五年）高校入学後、すぐ天文部と美術部に入部した。美術部に入部したものの、天文部での部活が面白く、且つ多忙だったので美術部への顔出しは滞りがちだった。稲垣先生と廊下ですれ違う度に、もっと美術部に顔を出すよう催促された。毎年恒例行事の学年祭用の横断幕やイベント幕は美術部の担当で絵を描く事になっていたので、この時期ばかりは殆んど毎日、放課後に美術部に顔を出した。

一九五一年（昭和二十六年）、稲垣先生の引率で美術部員二十五名程が大原美術館を訪ねる機会があった。春まだ浅い早朝、全員姫路駅に集合し国鉄山陽本線で倉敷駅に行き、駅から徒歩二十分程で大原美術館に到着した。

大原美術館は大原孫三郎が一九三〇年（昭和五年）に倉敷に設立した美術館で、日本では最初の本格的な美術館であった。

大原孫三郎は優れた作品の収集に当たって、画家で親友の児島虎次郎をヨーロッパに派遣した。児島虎次郎は、一九一九年（大正八年）から名画の収集活動を始め、パリの有名画廊への訪問は勿論、モネのアトリエを訪問し「睡蓮」を譲り受けたり、マチスのもとを訪ね、彼の娘の部屋に飾ってあった肖像画を見つけ、手に入れたりして、最初の収集旅行で二十七点の作品を手にして帰国した。

その後、再び渡欧して、エル・グレコの「受胎告知」をはじめ、セザンヌ、ゴーギャン、ミレーや古代エジプトの美術品、ペルシャの陶器そのほかヨーロッパの有名画廊を訪ねて、多くの優れた作品の収集を行い、名作揃いの美術館に仕立て上げた。

大原美術館を訪ねるのは初めてなので、興奮気味で美術館の敷地に入った。

最初に目に飛び込んできたのは、美術館の入口の右横にロダンの彫刻「カレーの市民―ジャン・デール」だった。この彫像は一三四六年英仏戦争でイギリス海峡に面したフランスのカレーの町が一年以上イギリス軍に包囲された際、飢餓状態から町を救うため、城門の鍵を持って投降する六人の市民の姿を捉えた群像から、ロダンがジャン・デールを選び単独像として鋳造したもので、イギリスの軍隊を前にして投降したとは言え、威厳を失わない凛々しい姿として創作した傑作だった。

「カレーの市民像」はロダンの数多い彫刻の中で、私が最初に実物を目にしたもので、その力強い作品に圧倒される思いだった。このため、大原美術館と言えば、二千点に及ぶコレクションのなかで、真っ先に思い出すのは「カレーの市民像」である。

一歩美術館に入ると、エル・グレコの「受胎告知」、ルオーの「道化師」、ゴーギャンの「かぐわしき大地」、セザンヌの「風景」等々、初めて見る泰西名画に釘付けになった。

これらの絵画作品のなかで、一点を選べと言われたら、私は躊躇なくセザンヌの「風景」（油彩、横八一センチメートル×縦六五センチメートル）を選ぶ。セザンヌの作品のなかでも、平凡な作品であるが、なぜか、じっと見ていると、心が温まる作品である。そして、この作品はセザンヌが生まれて、活躍の場をパリから南仏のエクサン・プロバンスに移した、その風景に違いないと想像を逞しくした。

この油彩画は水彩画のように薄く伸びやかに描いてあるが、あちこちに塗り残しがある。この「塗り残し」がある作品を、そのまま美術館の壁に掛けられているが、十分鑑賞に耐え得る作品で、塗り残しが決して不自然と感じさせない作品となっているのは、何故だろうか？　私は、色の調和、構図等を検討し尽くしてなお、余白のまま筆を置いたセザンヌは、「描けないものは、描かない」という信念で筆を置いたのではなかろうかと推測した。

ここに、セザンヌの凄さを見た思いである。

その他、ルオー、マネ、モネ、クールベ、コロー、ルノアール、ドガ、ロートレック、マチス、ピカソ、ヴラマンク、シャガール、ムンク、グレー等の泰西名画や岸田劉生、佐伯祐三、藤田嗣治、梅原龍三郎、松本竣介、林武等日本の画家が描いた多くの作品も存分に鑑賞出来た。

日本の画家の多くの作品のなかで、最も印象に残った作品は安井曾太郎の油絵「外房風景」（油彩、横一〇三・五センチメートル×縦七一〇センチメートル）だった。千葉県の外房「太海（ふとみ）」の旅館江澤館の二階から眺めた外房風景の作品である。

近景に漁師町、中景に外房総の荒々しい海、遠景に細く伸びた半島を配した作品は、まさに光と風のある房総の風景に仕上がっていた。

この「外房風景」は、安井曾太郎の風景画の代表作で、日本の美術館から貸し出し展示の申し込みが絶えない作品となった。

私は二〇〇六年（平成十八年）～二〇〇八年（平成二十年）頃、千葉の外房風景を描くため、何回かスケッチに行った。

一度は安井曾太郎が逗留した太海の江澤館に泊まり、二階の北側の窓から眺める安井曾太郎が描いたと思われる場所ではなく、東側の窓の外の一階の屋根上から、外房を写生した。太海は太平洋の荒波が押し寄せ、岩礁に砕け散る風景が絵になるところで、見飽きぬ風景である。

彫刻では、河井寛次郎と濱田庄司の作品が特に目に留まった。この二人の作品のなかでも、私は濱田庄司の作品の鑑賞に多くの時間を割いた。

二人は東京高等工業高校（現在の東工大）の先輩後輩の関係で、卒業後は二人とも京都市立陶磁器試験場に進み、土、釉薬とその焼成に関わる多くのデータを取得して、その成果を中国や朝鮮の古陶磁器と比較して製作方法の研究を重ねた。

後日、濱田庄司は栃木県の益子に移り民芸品として益子焼に芸術性を与え、第一回の人間国宝の称号を与えられた。

それにしても、倉敷の町と大原美術館が戦渦を免れたのは日本の文化財保護の上で、計り知れない程の大きな意義がある。

一九三二年二月に国際連盟から派遣された五名からなる「リットン調査団」が満洲国（中国東北部）の奉天近郊の柳条湖付近でおきた鉄道爆破事件の調査を終えた。東京への帰路に、団員の一人から倉敷に立派な西洋美術館があるので、是非立ち寄ってみたいと提案があり、リットン調査団長も大いに心を動かされ、全員倉敷の大原美術館に立ち寄った。

リットン調査団一行は倉敷という片田舎の町に、当時約二千点に及ぶ泰西名画の収集が中心となっている美術館があることに、大変驚き、見終わって強く印象に残った。

後日、太平洋戦争が始まり、日本は敗戦色濃くなり、空襲が始まった時、リットン調査団長は、早速、奈良、京都と同様に倉敷と大原美術館を空襲除外リストに入れる事を、ルーズベルト大統領に強く申し出たと言われている。

従って、倉敷と大原美術館は戦渦を免れ、数多くの名画や美術工芸品が無傷で残り、大原美術館は日本の貴重な文化の発信地となって、人口に膾炙している。

余談だが、濱田庄司の生家が川崎市高津の大山街道（東京の赤坂御門から大山阿夫利神社までの道）沿いにあり、喫茶店「ケーキ大和」になっていて、濱田庄司の立派な作品数点が飾られていた。

私は、濱田庄司の作品を鑑賞したくなった時、「ケーキ大和」に行き、お茶を飲みながら作品を眺めるのが、好きで、眺めていると、なぜか心の安らぎを覚えたものである。

なお、この界隈には、多くの文学碑があり、ぶらり途中下車して、訪ねるのも楽しいものである。

例えば、東急田園都市線の二子新地駅から近い二子神社境内には「岡本かの子・太郎」の文学碑があり、濱田庄司が眠る宗隆寺には勝海舟の幟や松尾芭蕉の句碑がある。その他北原白秋文学碑、荻原井泉水文学碑等多くの文学碑があるので、天気の良い麦秋か初秋が私にとって、リフレッシュを兼ねて訪ねる最良のときである。

第6章　京都嵯峨野、大徳寺聚光院と大和路（奈良）を訪ねて

渡月橋 （水彩６号）

（一）京都嵯峨野と大徳寺聚光院を訪ねて

一九五五年（昭和三十年）代の学生の頃は、帰省するとき、東京発の夜行列車「銀河」で東海道を下り、途中下車して京都で神社仏閣を見て廻った。

大津を過ぎて、京都に着くと、不思議なことに、故郷に帰って来たような安堵感に満ちた。そして、喧騒と埃にまみれた東京とは全く別世界の、歴史ある都の佇まいが無性に懐かしかった。

私は、京都の嵯峨野界隈を逍遥するのが大好きで、ぶらぶらして心の落ち着きを覚えた。今回は、「渡月橋」、「天龍寺」、「大河内山荘」、「落柿舎」と、洛北の「大徳寺聚光院」について述べてみたい。

①　渡月橋

「渡月橋」は桜が咲く春が最も美しいと言われているが、私は紅葉シーズンが終わり、瀬音が聞こえてくる桂川、そこに釣り人が落ち鮎を釣っている風景が好きである。ここは、京都らしい佇まいで、絵になる風景である。

渡月橋は「大堰川（おおいがわ）」と「桂川」に架かる橋である。「大堰川」は京都市左京区広河原と南丹市美山町佐々里の里にある佐々里峠が源流で鞍馬街道に沿って蛇行して流れ、京北周山町で「桂川」に名称変更し、亀岡園部町で再び「大堰川」と呼ぶ。大堰川に沿ってしばらく山陰本線脇を下ると、有名な「保津川の川下り」の乗り場起点に差し掛かって「保津川」と呼ぶ。嵯峨野観光鉄道が「保津川」に沿って敷かれており、この鉄道に乗って、紅葉を愛でると嵐山辺りから再び「桂川」の名称に変わり、鴨川に合流してのち、淀川に合流している。なんと、名称を何度もコロコロ変える川であることよ。

一八九六年（明治二十九年）四月に旧河川法が公布され、行政上の表記は「桂川」に統一されているが、今でも渡月橋を挟んで上流を「大堰川（おおいがわ）」下流を「桂川」と呼んでいる。ここに、京都人の頑固な一面を見る思いである。

古くは、紀貫之が九三四年（承平五年）ごろに書いた『土佐日記』には「桂川」、平安後期の歴史書の『日本紀略』では「大堰川」と書かれ、鎌倉時代末期に吉田兼好が世に出した『徒然草』には「大井川」と書かれている。

一つの川が時代と川の流域によって、このように何度も呼称が変わる川を他に聞いた事がないが、川に罪はなく、昔も今も、清流が瀬音を立てて、流れている。

② 天龍寺

天龍寺は足利尊氏が後醍醐天皇の冥福を祈るために臨済宗の禅僧である夢窓疎石（むそうそせき）（夢窓国師とも呼ぶ）を開山（初代住職）に命じ、創建した臨済宗天龍寺派大本山である。この寺は京都五山の第一の寺格だったが、運悪く八回も兵火に見舞われた。

山門をくぐり、広い境内に入ると外の世界と隔絶され、不思議と心が安らぐ。

夢窓疎石が築いた曹源池庭園（池の底から曹源一滴と刻まれた石が見つかったことに由来する）は池泉回遊式庭園で、史跡・特別名勝の庭園として真っ先に指定され、今では世界遺産として登録されている。

嵐山を借景にしたこの庭園は、どの角度から眺めても奥行きと変化に富んだ設計で、水面に映える紅葉と庭石のコントラスト、前景の白い砂と芝生と水面の構図、見る人を飽きさせない見事な出来栄えである。

従って、紅葉狩りのシーズンが最も美しい眺めだと言われているが、来訪者が多すぎて、気忙しいので、私は、むしろ晩秋か、雪が降り積った庭園が好きだ。静かにじっくり眺め、落ち着いた庭園を飽きずに眺めることができる。

函館の教会 （水彩６号）

なお宮殿の建造では、フランスのヴェルサイユ宮殿の庭園は建物より噴水庭園の方に労力を費やした結果、フランス式庭園の最高傑作と言われている。

しかし、夢窓疎石が築いた庭園と違って、幾何学模様の庭園のため、何回も訪ねてみたいという気持ちにはならない。

一方、京都の庭園は数多く見れば見るほど、深みが増し、飽きるどころか、何回でも訪ねてみたくなる魅力に満ちている。

東西の庭園作りで、根本的な考えの違いは、人間の長い歴史のなかで、「自然をそのまま受け入れて造った庭園」と「幾何学的思考で自然を造り替えた庭園」の違いではなかろうか。

さて、天龍寺の境外の塔頭である西芳寺（苔寺）も夢窓疎石が中興の業を成し遂げた「中興開山」で、庭園は百二十種の苔に覆われている。

この西芳寺の庭は朝靄が立ち込める時間帯が特に素晴らしい。

私にとって、「西芳寺」は、まさに「癒しの寺」である。

③ 大河内山荘庭園

この山荘は、時代劇の名俳優だった大河内伝次郎が映画出演料の大半を注ぎ込み三十年の歳月をかけて作り上げたものと言われている。

大河内山荘の「大乗閣」は、現在、有形文化財として登録されていて、背後の樹木に映えて美しい佇まいを見せてくれる。

この大乗閣の前の回遊路から京都市街、特に東南の京都市街の風景を眺望出来る。箱庭のような京都の市街地の眺めは、飽きる事を知らない。

しかし、私は奥まった細い回遊路を抜けて眼下にする保津川流域の眺めの方がすきだ。ここは、狭い谷間を長年、水流の力で川を抉(えぐ)った渓谷となって、蛇行しており、一切人力が加わらぬ自然そのものの渓谷美である。この渓谷美は、特に晩秋が美しい。時を忘れていつまでも、眺めることが出来る風景である。

④ 落柿舎

落柿舎は元禄の俳人向井去来の遺跡で、去来は服部嵐雪、宝井其角、森川許六等蕉門十哲の一人と称えられており、芭蕉は三回程落柿舎を訪ねている。

芭蕉は、一六九一年（元禄四年）四月十八日（新暦五月十八日）から五月四日（新暦六月二日）迄滞在して『嵯峨日記』を著した。

さほど広くない庵に芭蕉は二週間も滞在して執筆活動をしたわけで、去来とその内縁の妻と子供二人を含め五人が同じ部屋に蚊帳を吊って寝起きを共にした。

それにしても、よくもこのような狭い部屋で嵯峨日記を執筆したものだと感心した。

また、芭蕉の監修のもと去来は野澤凡兆と共に、この落柿舎で蕉風の代表作『猿蓑』を編纂している。

『猿蓑』は一六九一年（元禄四年）七月三日に刊行され、発句だけでも三百八十二句で、当時の蕉門俳人が網羅されている。

このうち、去来の句は二十五句収められている。例えば、

応応といへど敲（たた）くや雪の門
をととひはあの山越つ花盛り

また、五年後の一六九六年（元禄九年）三月に、『芭蕉庵小文庫』が編纂され、次の一句、

やがて散る柿の紅葉も寐間（ねま）の跡

が収録されている。

この句は『落柿舎日記』によれば、元禄六年老朽化した落柿舎を取壊し、小さく再建する前に、名残を惜しんで旧落柿舎への惜別の吟を収めたものである。

落柿舎を取り巻く山茶花の塀と立派な山門は、どう見ても落柿舎の庵の佇まいとそぐわない。これは、近現代に庵が再建されたとき、塀と山門は新たに建て替えられたものではないかと推測する。

山門から飛び石伝いに入った庵の入口の横に蓑と笠がかけてあるのが印象深く、これは「主人はいま在庵」を示している。

師走の時期になれば、多くの残り柿が西に傾いた日輪に照らされ、一層風情のある風景となる。

去来の墓は落柿舎の裏手にあり、墓の横に表示がなければ、見落とすほど小さな墓である。この小さな墓の小さな花筒には新鮮な一輪の花が手向けられていた。

去来の墓への小道の傍にある「西行井戸」は西行法師が出家した当時の庵の址と言われている。ここに去来の墓がひっそりと安置されていることは、去来が西行法師を慕った事と、無縁ではあるまい。

後日、趣味で絵を描くようになって、嵯峨野界隈、特に渡月橋、小倉池、落柿舎、大覚寺、大沢池等を何回か訪ねて写生して、回った。

⑤ 大徳寺塔頭「聚光院」を訪ねて

大徳寺は臨済宗大徳寺派の大本山で、現在、山内に二十四の塔頭がある。

聚光院は、一五六六年（永禄九年）、三好義継によって、亡養父長慶の菩提所として、創建された塔頭である。この三好長慶の墓の隣に千利休の墓が並んでいる。これらの墓を取り囲むように、千家歴代の墓が並んでいる。そして、ここは表千家、裏千家、武者小路千家の「三千家」の菩提寺でもある。

この聚光院に、日本美術を代表する傑作、「狩野松栄・永徳親子の障壁画四十六面」の複製があり、これらの全ての障壁画は国宝に指定されている。このなかでも、特に優れた作品は「室中の間の〈花鳥図〉十六面」である。

この作品は狩野永徳が弱冠二十四歳の時に描いたものである。

一九七九年（昭和五十四年）にルーブル美術館から「モナ・リザ」を借りて、上野の東京都美術館で展示された返礼に、狩野松栄・永徳親子が描いた聚光院「室中の間」の「十六面障壁画」が海を渡った。

このことからしても、これら「花鳥図」は、日本画のなかでも、特に優れた作品であると言える。

大徳寺聚光院の「花鳥図」は、通常非公開の絵なのだが、虫干しも兼ねて、国宝四十六面が京都国立博物館から約五年半ぶりに里帰りしていた。半年間特別公開していた二〇一七年(平成二十九年)三月に訪ねた。

そして、狩野松栄・永徳親子が描いた全ての障壁画を驚きを以て、拝観した。

聚光院「室中の間」の廊下の向こう側の中庭を挟んで、庫裏があり、その客間と次の間に千住博の障壁画も公開されていて、すべての作品を拝観した。

本堂の「花鳥図」十六面の障壁画は、室中の間の北側に雪解けの激流と鶴を配し、東側には梅の巨木と鴨を配し、西側には松の巨木と鶴を配した構図である。

南側の廊下の中央から、この三面の障壁画を眺めていると、非の打ちどころのない構図に圧倒される。息を呑むほど見事な筆致で描かれている。

確かに日本美術を代表する作品である。長く丁寧に眺めれば眺めるほど、見飽きぬ傑作である。

なお、これらの障壁画(原画)は常時京都国立博物館が委託保管していて、普段はデジタル技術による高精度の複製画を見ることが出来る。

千住博は、一九九七年（平成九年）伊東市にある大徳寺聚光院別院の襖絵七十七面の制作を依頼された。

ニューヨークにアトリエを持って制作活動をしている千住博は、依頼された襖絵をどう描くべきか、約一年間全く手が入らなかったと述懐している。その理由は、千住博が描いた襖絵と、狩野松栄・永徳親子が描いた聚光院本院の「花鳥図」十六面と、未来永劫まで比べられ、批評されると思い込み、臆病風に吹かれ、手も足も出なかったとのこと。

その年の十二月下旬に、自然と足が画面に向かい、筆をとり、画面に手が入り、二日間で、横幅六十メートルの滝の作品の全容が決まり、その後は、何事も無かったように筆が進み、二〇〇三年（平成十五年）に襖絵が完成した。その後、この作品は、聚光院別院へ納める前に、東京国立博物館で一般公開され、大きな反響を受けた。

二〇〇三年、千住博は聚光院に増設された庫裏の客間と次の間の障壁画の制作を依頼され、十年後の二〇一三年（平成二十五年）に完成し、納入している。

狩野松栄・永徳親子が描いた「花鳥図」はどこからどう見ても完璧に近く、聚光院の「室中の間」と書院と次の間は、中庭を挟んだ距離しか離れていないので、自分の作品がすぐ隣の「花鳥図」と比較されるという重圧で、全く筆が進まなかったようである。

私は、聚光院の全ての襖絵を拝見して、最も優れた画家は狩野永徳であると感じた。まさに永徳は天才絵師であり、父を遥かに凌いでいた。

聚光院の庫裏の客間と次の間の襖に描かれた千住博の「滝」の絵は、全ての襖に描かれた絵が調和していて、余白も残した空間も見事であった。

千住博が描いた「滝」は書院と次の間という独立した空間なので、狩野松栄・永徳の花鳥図と比較するものではない。現代を代表した日本画として、未来永劫、歴史に残る作品である。

東京から日帰りで、京都を訪ねて優れた日本画と出会う事が出来、大いに満足して帰路についた。

（二）大和路（奈良）を訪ねて

奈良の最も美しい季節は晩秋から厳寒に向かった季節である。

朝霧が立ちこめた遠景に塔が聳（そび）えている風景は、紛れもなく大和路の象徴的な風物詩である。

遥かなる古代に思いをはせて、その素顔を垣間見る事が出来るのは、古都「奈良」ならではの事である。

①唐招提寺

遣唐使船で唐を訪れていた留学僧の宋叡と普照は揚州の大明寺の住職だった鑑真和上に戒律を授ける「導師」、「伝戒の師」として日本へ戒律を伝えるよう懇請した。

当時の奈良には「私度僧（しどそう）」が多かったため、聖武天皇は「伝戒師（僧侶に位を与える人）」

を探していた。

鑑真和上は二十一名弟子を連れて、十二年間に五回の渡航を試みて失敗し、且つ視力を失っても渡航を試み、七五三年（天平勝宝五年）に六回目で遂に日本の地を踏んだ。鑑真は当時すでに六十六歳になっていた。


その後、鑑真は東大寺唐禅院に住んでいたが、七五九年（天平宝字三年）天武天皇第七皇子の新田部親王の旧宅地を譲り受け「唐律招提」としたのが始まりである。

鑑真研究者の安藤更生氏によれば、唐では官営の寺でないものを「招提」と称したとの事で、後日、この「唐招提」は官寺の称号を賜り「唐招提寺」と称するようになった。


奈良時代、南都の殆どの大寺は官寺であった。しかし、唐招提寺は主として高弟たちによって守られてきたので、その規模においては壮大さは見られない。しかし、伽藍はよく守られ整えられており、受戒伝律の寺として粛然たる佇まいを今日に伝えている。

「金堂」は南大門の正面に荘厳な寄棟造りの姿を見る事が出来、その本瓦葺きの見事さ、軒端の線のうねりが屋根の勾配に沿って細く湾曲しており、屋根の上部の長さは下部の長さの三分の一程しかない造りで、端正な美しさが際立っている。

この金堂の屋根の端正な美しさは見る人を圧倒する。

和辻哲郎は自著の『古寺巡礼』で、現存する東洋建築でも、最高傑作の造形であると絶賛している。

堂内は連子窓からの柔らかい光のなかに、中央に「本尊・盧舎那仏坐像」、八百六十二体の小さな化仏で飾られた「光背」、本尊の右に「薬師如来立像」、左に「千手観音立像」が並び天平時代を彷彿として蘇る雰囲気に包まれている。

「講堂」は金堂の北側に位置しており、平屋の入母屋造で、内部は本尊「弥勒如来坐像」、「持国天立像」、「増長天立像」他、多くの仏像が安置されている。

「御影堂」は境内の北側にあり、土塀で囲まれた瀟洒（しょうしゃ）な建物で、元は、興福寺の別当坊だった一条院宸殿の遺構で、移築復元したもので、ここに「鑑真和上坐像」が安置されている。

弟子の忍基がある夜、唐招提寺の講堂の棟梁がくだけ折れる夢をみて、これは鑑真遷化（死去）の前兆に違いないと思った彼は弟子たちを率いて「脱活乾漆法」による鑑真座像を創り上げた。

鑑真は春に発病し、その年の七六三年（天平宝字七年）五月に、七十六歳で波乱の人生を閉じた。

鑑真和上座像は麻布や和紙を漆で張り重ねて造られた脱活乾漆造による彫像で、唐招提寺の仏像六体の国宝のなかで、私には最も魅力的な座像の一つであると思う。

穏やかな鑑真和上座像を拝見していると、度重なる辛苦に耐え、失明にも屈せず、当時六十六歳という高齢で異国の日本に渡り戒律伝道に一身を捧げた無私の鑑真和上は、「人としての大きさ」を思い知らされ、鑑真和上への感謝の念が沸き起こる。

「芭蕉」が、一六八八年（貞亨五年）に鑑真和上座像を拝した際に詠んだ句は、

若葉して御目の雫拭はばや

であり、この碑（いしぶみ）が唐招提寺の開山堂手前に建てられている。

また、大阪の俳人で関西の俳壇をリードしていた「松瀬青々（一八六九〜一九三七）の句

門を入れば両に稲田や招提寺

の句碑が一九二八年（昭和三年）に西門の近くに建てられた。

当時は西門をくぐると、両側に稲田が広がっていた。当時の住職、北川智海師は、確かにこれでは名刹が荒寺のようだと判断して、西門の周辺の稲田を買い取って松林にした。

現在、緑豊かな松が唐招提寺を彩るのはこの句碑のおかげであると言われている。その後西門は閉ざされ、今ではこの句碑を見る人は少ない。

御影堂に、一九七一年（昭和四十六年）から一九八二年（昭和五十七年）にかけて、東山魁夷が描いた鑑真和上座厨子扉絵、襖絵、障壁画（六十八面）が奉納されている。

これらの絵画は日本の各地に借りだされ、大々的に展示会が開催された。


余談になるが、私は東山魁夷の多くの作品のなかで、一九四七年（昭和二十二年）の第三回日展で特選を受賞し、日本国政府のお買い上げとなった「残照」が最も好きな作品である。

東山魁夷は前年春の一九四六年の第一回日展で落選した。東京芸大を卒業し、一端の絵描きと自負していた自分が落選するという現実に唖然としたと述懐している。

そして、悪いことに療養中の弟がその年に死去するということで、東山魁夷にとって「どん底」の境遇であった。

その後、東山魁夷は絵描きとしての覚悟を決め、妻を山梨の疎開先に残して、千葉の市川市に間借りした。名刹で名高い神野寺（千葉、君津市）の宿坊に一週間逗留して、「鹿野山の九十九谷」を、如何に描くか、毎日鹿野山を見渡し、構図を固めて、渾身の力を込めて描いた作品が「残照」である。

この作品が、第三回日展で特選を受賞した。かくして、東山魁夷はようやく世に認められる「きっかけ」を摑んだ。

② 薬師寺

薬師寺は六八〇年（天武天皇九年）に天武天皇の発願により、飛鳥の藤原京に造営が始まり、平城京への遷都後の八世紀の初めに現在の西の京に移転した。

中央に本尊を祀る金堂と、東西に二基の塔を配する伽藍配置は「薬師寺式伽藍配置」と言われて、この配置は薬師寺が日本では最初である。

現在でも最高傑作と言われている、薬師寺白鳳伽藍の国宝「東塔」は、七三〇年（天平二年）に、西の京で造営され完成した。

東塔は三重塔でありながら、各屋根の下に短い「裳階（もこし）」があるので一見して六重の塔と見間違えられる。

また、この塔の先端を飾る相輪の頂上に尊い塔が火災に遭わないようにと願いを込めて透かし彫りの「水煙」が祭られている。この水煙は十二人の天女が大空を飛びながら、楽を奏し、散華するという彫り物である。

これらは、高い工芸技術を有する優れた匠（建築家）が東塔を建造したもので、八世紀の建築物としては最高傑作の一つであると言われている。

一五二八年（享禄元年）九月七日、興福寺の宗徒・筒井順興による兵火で東塔、東院堂を残し全て消失した。従って、奈良時代の建物として現存するのは東塔のみである。

その後、西塔は一九八一年（昭和五十六年）、奈良時代の伝統様式・技法によって再建された。西塔は東塔の「裳階（もこし）」の部分が白壁になっていて、連子窓を設けている。

大池から眺めた薬師寺両塔と金堂の「三伽藍」の夜景は大和路の象徴的な風物詩である。

薬師寺東院堂の聖（しょう）観世音菩薩立像（国宝）は一八九センチメートルの銅像で、世界にも比類のない観音像である。豊かな感受性を書き留めた詠嘆の言葉が和辻哲郎の『古寺巡礼』に遺憾なく記述されている。

九七三年（天禄四年）の火災によって、金堂、東塔、西塔を残し、講堂、僧房、南大門等多くの建物が消失した。前に記述した通り、一五二八年（享禄元年）九月七日の興福寺の宗徒による兵火では東塔と東院堂を残し、全山全て消失した。

金堂は一六〇〇年（慶長五年）に増田長盛（郡山城主）によって再建され、大講堂は一八五二年（嘉永六年）に再建された。

金堂の薬師三尊像（いずれも国宝）は真中に薬師如来像、向かって右に日光菩薩像、左に月光菩薩像が安置されている。

和辻哲郎は『古寺巡礼』で、薬師三尊像のうち薬師如来像は「とろけるような美しさを持った横顔が、また電光の素早さでわれわれの目を奪ってしまう」と絶賛し、「本尊の雄大で豊麗な、柔らかさと強さの抱擁し合った、円満そのもののような美しい姿は、自分の目で見て感ずるほかに、何とも言いあらわしようのないものである」と述べ、「わたくしはこの像を凝視し続けた」と詠嘆の言葉を綴っている。

一九六七年（昭和四十二年）、名物住職として知られた高田好胤が管主に就任すると、写経百万経勧進による「白鳳伽藍復興事業」を開始した。

これにより、一九七六年（昭和五十一年）に金堂が再び建造された。一九八一年（昭和五十六年）に西塔、一九八四年（昭和五十九年）に中門、一九九五年（平成七年）に東西回廊、二〇〇三年（平成十五年）に大講堂など、次々と再建された。

従って一九五五年（昭和三十年）ごろ、大池から眺めた薬師寺は東塔の孤影を見るのみの風景であったが、それでも、大和路の風物詩は美しく、静かな佇まいを見る事ができた。

なお、平山郁夫画伯は、薬師寺に、三十年の歳月をかけて制作した「大唐西域壁画」（七場面の十三壁面で、その長さは四十九メートルの大壁画）を、二〇〇〇年（平成十二年）十二月三十一日に奉納した。

現在、これらの壁画は大唐西域壁画殿に飾られていて、見逃せない壁画である。

③　法隆寺

斑鳩の里に建立された「法隆寺」は六〇七年（推古天皇十五年）に聖徳太子により創建された。金堂、五重塔を中心とする西院伽藍と夢殿を中心とする東院伽藍に分けられ、西院伽藍は世界最古の木造建築物群である。

法隆寺の南大門をくぐり、中門を中にして、右に金堂、左に五重塔があり、奥に大講堂が配置され、生駒山系を背にした配置の見事さは、ただ息をのむばかりである。

生憎、私が訪ねた時は、一九四九年（昭和二十四年）、金堂の修復中に壁画を火災で焼失した後で、金堂を見ることは出来なかったが、この昭和の大修理が完了した一九八五年（昭和六十年）後に、再度、法隆寺を訪れて仏像を見る事が出来た。

金堂の内陣には、中の間本尊の「釈迦三尊像」、東の間本尊には「薬師如来像」、西の間本尊には「阿弥陀三尊像」が安置されている。

大宝蔵殿に安置されている「百済観音」は面長な柔らかい横顔に慈悲に満ちた微笑みを浮かべている。百済観音は「渡来品では」と言われていたが、手にある水瓶と蓮華座は檜造りだが、それ以外の像身は樟（クスノキ）の一本彫造りである。当時の飛鳥時代の木造彫刻はほとんど樟造りのため、現在では、百済観音は日本で制作されたものと見られている。

観音の像高は二一〇センチメートルもあり、光背に反射した尊顔は弱い光を浴びて優しく微笑みかけており、天衣をまとった清楚な細身の像はまさに天女である。

多くの仏像のなかで、これほど痩せ身の仏像を見たことはないが、しかし不自然さを感じさせなく素朴さと柔軟さと清純さが見事に融合した観音像である。

法隆寺と言えば、次の俳句が真っ先に脳裏に浮かぶ。

法隆寺の茶店に憩ひて

柿くへば鐘が鳴るなり法隆寺

正岡子規は日清戦争の従軍記者として遼東半島に派遣されていたが、一八九五年（明治二十八年）五月、帰国途中の船上で喀血し、郷里松山の夏目漱石の下宿に転がり込み五十二日間の共同生活をした。その後、十月下旬、東京への帰途に三日間ほど奈良に滞在して、東大寺、薬師寺、法隆寺などを訪ね歩いた。

この句は法隆寺の前の茶店で柿を食べていると法隆寺の鐘がなったという事であるが、子規は短編「くだもの」に、東大寺の前の茶店で、十年も食べていない御所柿を所望したら、妙齢の乙女が大きな丼鉢に御所柿を山盛りにして持ってきて、皮をむいてくれた。久しぶりの御所柿をうっとりして食べていたら、「ボーン」という釣鐘の音が聞こえた、乙女にどこの鐘かと問えば、東大寺の大釣鐘だといわれたと書いている。

子規が奈良を訪ねたときは、既に法隆寺西円堂に鐘楼が建造されていた。その鐘の音を聴いたということで、この句には「法隆寺の茶店に憩ひて」の詞書きがある。しかし、実際は東大寺の鐘の音を聴いたのではと憶測する俳人もいる。俳句は実際に聴いた鐘の音が東大寺のものか、法隆寺のものかを問うてはいない。この句は現在も名句として人口に膾炙している。

俳人、水原秋櫻子（東大医学部卒、医学博士、昭和大学の初代産婦人科学教授、その後、家業の産婦人科医院を継ぐ）が一九二七年（昭和二年）、散歩の途中で和辻哲郎の『古都巡礼』の本を購入し、一気に読み大変感動した。

その後、医院での多忙な時間をやり繰りして、同年の春、三日間程家業を休み、独り夜行列車に乗り奈良へ向かい、最初に奈良博物館を訪ねて、真っ先に博物館に寄託中の百済観音を鑑賞した。

水原秋櫻子は「百済観音像の前に立ったとき、夜行の疲れが一気に吹き飛び、驚嘆し、感激が我が全身を包んだ」と述懐している。

水原秋櫻子は、この御仏を鑑賞して、次の句を詠んだ。

百済観音

春惜むおんすがたこそとこしなへ

この旅行で秋櫻子は東大寺、二月堂、西の京、法隆寺にも足をのばし、崩れそうな土塀や馬酔木（あしび）の花が大和路によく似合うと思ったと述べている。

この時、秋櫻子は次の句を詠んでいる。

馬酔木咲く金堂の扉（と）にわが触れぬ

翌年の一九二八年（昭和三年）、秋櫻子は同人誌の『破魔弓』を『馬酔木』に改題、一九三四年（昭和九年）に主宰となった。しかし、この年の『ホトトギス』の十一月号に虚子は「主観写生」の秋櫻子と「純客観写生」の高野素十を比較して、後者を高く評価したため、『馬酔木』一九三一年（昭和六年）十月号に反論を掲載して、秋櫻子は『ホトトギス』から離脱した。

なお、秋櫻子は生涯に十七回も奈良を訪れ、優に四百を超える句を残している。

秋櫻子にとって大和路は心の奥底から「言葉」を喚起してくれる吟行の場だったのではなかろうか。

第7章　原子力の黎明期

黎明 （水彩 25 号）

（一）京大研究用原子炉プロジェクトの受注に向けて

母校、早稲田大学の理工学部応用物理学科では「光学研」に籍を置いて卒業論文を提出した。このため、一九五〇年代は就職難の時代だったが、幸いカメラ会社からの求人が多く寄せられた。当時の応用物理学科では学校の推薦状と成績表のみで就職内定が決まるケースが多かった。

私の場合も、まず一九五七年（昭和三十二年）春、リコーへの就職が内定した。その後、義兄が当時のキャノンの社長だった御手洗毅氏と昵懇の間柄だった関係で、キャノンから「光学研」に求人募集を送られて来ることになったが、果たしてこのまま光学方面の会社に就職し、今後の人生をカメラ業界に身を置いて過ごすべきか、心が揺れ動いていた。

ちょうどその時期に、浅野物産筆頭副社長の小田光次氏（龍野高校の大先輩、旧制龍野中学を一九〇五年［明治三十八年］に卒業）が兵庫県揖保郡龍野町（現在のたつの市）に帰郷されていた時、たまたま父と会食の機会があった。会席で、小田光次氏は父に「浅野物産は進取の気性に富む会社で、新しい原子力分野へのビジネス展開をどの商社より早く取り組んでいる。現在この分野では他の商社を大きくリードしている」と熱心に話され、浅野物産への入社を強く勧誘された。

私は大先輩の熱心なお誘いに大いに心が動き、原子力分野に身を投じることを決めた。そして、その年（一九五七年）の秋、浅野物産への就職内定が決まった。従って、折角の義兄の心遣いに謝し、キャノンへの応募を辞退した。

当時、浅野物産の本社はお濠端の日比谷通りに面した東京海上火災ビルの七、八、九階にあって、原子力室は八階の一隅を占めていた。

浅野物産の西側の窓からの眺望はどのフロアーからも素晴らしく、宮城を眼下にし、遠景は丹沢山塊や富士山が眺望出来た。

当時の原子力エネルギーの平和利用への開放は緒に着いたばかりで、毎日原子力関連ニュースが新聞紙上を賑わしていた。

京都大学研究用原子炉（ＫＵＲ）の建設計画への主たるステップは次の通りである。

①米国の原子力エネルギーの平和利用への開放
一九五三年十二月八日、米国のアイゼンハワー大統領は国連で原子力の平和利用へ広く技術やノウハウを開放する旨演説した。

②一九五四年四月、日本学術会議で、原子力平和利用の三原則が発表された。

③一九五五年八月、第一回原子力平和利用会議がジュネーブで開催された。日本からも中曾根康弘代議士を筆頭に、官、学、産の各界から多くの著名人が参加した。浅野物産からも村山勝一常務を派遣し、各国の多くの出席者と会い、今後の原子力分野でのビジネス展開に備えた。

④一九五五年九月、京都大学工学研究所から文部省に「研究用原子炉の設置計画案」が提出され、その後一九五六年十一月、京都大学に原子炉設置準備委員会が設置された。

⑤一九五六年十二月、日米原子力平和利用協定が締結され、原子炉とその関連技術情報及び濃縮ウラン燃料の輸入が可能になった。

⑥ 一九六一年九月、京都大学研究用原子炉の原子炉設置承認申請書が科学技術庁に提出され、翌一九六二年三月に承認された。

浅野物産は、原子力関連プラントの受注を主力商品として原子力室を新設して、村山常務の管掌の下、北田邦夫室長、榊原愷夫（やすお）第一課長、山添第二課長及び調査課（北田部長兼務）の体制でスタートした。

私は一九五八年（昭和三十三年）四月、浅野物産に入社して、第一課に配属され、京大原子炉の受注案件の専任担当者とされた。当時、この案件の担当者は私一人だけだった。

一方、第二課は原子燃料公社が東海村に設置計画していたウラン精錬パイロットプラントの応札への準備に多忙だった。

ちなみに、ウラン精錬パイロットプラントの案件は、浅野物産が主契約者となり、下請けに千代田化工建設を起用した体制で、無事受注して、契約通り、プラントの設計、調達、建設業務を履行した。

私が配属された第一課の命題は大阪府泉南郡熊取町に建設予定の「京大研究用原子炉（京

大炉―ＫＵＲ）」の設計建設試運転業務の一括受注だった。

まず、受注活動をするに当たって、私に与えられた業務は、ニューヨーク支店から毎週空輸されて来る米国原子力委員会（ＵＳＡＥＣ）の「極秘解除済み論文」（Unclassified Paper）に目を通してジャンル別に分類する作業だった。

英語で書かれた論文に目を通して、分類する仕事は当時大変困難な作業だった。当時は、英語の原子力用語を日本語に翻訳する適格な訳語が定まっていなかった時期だったので、訳語がない単語を、どう訳すべきか何度も当時外務省の隣にあった木造建築に入居中の科学技術庁（馬小屋と揶揄されていた）を訪ねて、その適格な訳語を聞いた。なかでも、伊原義徳技官（後に審議官）には大変お世話になった。

その後一年ほどして、日本原子力産業会が主体になり、産、学、官から人材を集め、英語の原子力関連用語の正式和訳集を作成している。

一九五〇年代の米国では、研究用原子炉の設計を行う会社は限られていた。

従って、研究用原子炉の設計が出来る会社を探すよう、浅野物産のニューヨーク支店に依頼して、探してもらった。そうしたところ、米国の大手化学会社であるモンサント社の一〇〇％子会社で、米国ミズーリ州セントルイスに本拠があるインターニュークリア（ＩＮ社）

の経歴、実績等を本社に送ってきた。

早速、本社で、検討した結果、ＩＮ社と日本での総代理店契約を締結した。

モンサント社は一九〇一年創業、米国ミズーリ州セントルイスに本拠を置く大手の化学会社で、第二次世界大戦中、米国が、英国、カナダと共同で原子爆弾を開発、製造した「マンハッタン計画＝Manhattan Project（一九四二年十月、核兵器開発プロジェクトがスタートした）」にも参加していた。

ＩＮ社は原子力に特化したエンジニアリング会社で、すでに大学向けに研究用原子炉の設計や、その他研究所向けに各種の原子力施設の設計を手掛けていた。

当時のＩＮ社の社員の構成比率は、産業界からの割合が約三分の二、残り三分の一は大学や政府の原子力研究機関等からの人材だった。

従って、ＩＮ社の社員に博士号（Ph.D.）を取得している人材の多さに驚かされた。

京大炉建設計画は、一九五七年（昭和三十二年）に原研が米国から最初に導入したＪＲＲ－１のような「米国で開発された研究用原子炉をそのまま日本に導入する」ことをせず、原子炉から取り出した各種の放射線を使って基礎研究から生命医学分野の研究まで広範囲に亘った研究を目的としたコンセプトで、新たに設計建設して稼働出来る研究用原子炉の設置を目指していた。

私は一九五八年、浅野物産に入社して以来、榊原課長と二人で、または単独でＵＳＡＥＣの極秘扱い解除済みのスタンプのある各種論文や資料を携えて、研究用原子炉建設本部の先生方に会いに、東京駅を夕方出発する夜行寝台列車の「銀河号」か「明星号」に飛び乗った。翌日は朝もやの京都駅に降り、腹ごしらえをして、早朝の古寺名刹巡りをするのを常とした。特に、西芳寺（苔寺）にはよく訪ねた。寺の庭番を煩わし、朝もやの苔寺を一巡する時は身も心も洗われる格別な時間だった。そして、十時前後を見計らって、京都大学を訪問した。

また、先生方に会うのが二日間に及ぶ場合もしばしばあった。その時は決まって京都四条上る木屋町通りの定宿に投宿し、鴨川と東山の風景を楽しみながら京料理に舌鼓を打った。

この様な営業活動を約二年にわたり続けた。

京大炉の契約方式はいわゆる Turn key Contract（設計建設、試運転の一括契約）のため、浅野物産グループの応札体制を早急に作る必要があった。

当時の商社は単に原料や機材を輸出入する代行業を主力とする会社と理解されていたため、浅野物産が主契約者となり大手メーカーを下請けにしてプロジェクトを遂行する体制を理解して頂くには多くの困難と時間を要した。特に、日立製作所を説得するため、多くの労力を要した。

かくして、最終的に受注体制は左記の通りに決定した。

一、主契約者：浅野物産／ＩＮ社の共同体

二、下請けメーカー：

日立：原子炉とその関連設備

日本鋼管：冷却系とその関連設備

山武ハネウェル：計測制御システムとその関連設備

一九六〇年（昭和三十五年）晩春、京大は十社以上の応札会社に「入札基本方針」と「原子炉建設基本計画書」を提示し、約二ケ月以内にプロポーザルの提出を要望した。京大はその年の夏季休暇期間を使って、各社が提出したプロポーザルの説明会を行った。浅野物産はこの説明会に、ＩＮ社のルーシー博士（Ph.D.）を呼びプロポーザルの説明を行った。同時にＩＮ社の顧問であるミシガン大学のエモンズ教授（博士 Ph.D.）も招き、米国の各大学の原子力分野での研究動向について講演を依頼した。

ちなみに、京大、阪大の両大学には長年にわたりミシガン大学と研究者の交流計画があったため、エモンズ教授の講演はタイムリーな企画として、大いに歓迎された。

審査の結果、京大から、その年の八月末に浅野物産グループを応札適性社として選んだ旨の通知が来た。他に二社も選ばれたとのことである。

京大は十数のグループから最終的に三グループに絞り込んだ。

一九六〇年初秋に、複雑な発注仕様書に基づいた説明会が行われた。発注仕様書は各分野の研究室の研究要望を叶えたものであったため、炉心壁に放射状に設けられた実験孔の数の多い仕様書となっていた。これは、まるで「オイランのカンザシ」という言葉が某教授から出たほど複雑な発注仕様書であった。

浅野物産グループは京大の基本的な要望に応じながら、原子炉の性能保証の観点から、実験孔の数を適切な数にしたプロポーザルと見積書を提出した。

その後、京大は三グループが提出したプロポーザルを精査して、翌年の一九六一年（昭和三十六年）一月、京大から浅野物産グループを契約交渉相手に選んだ旨の通知が来た。

その後、二ケ月以上の契約交渉の結果、一九六一年三月末「日米両語の契約書」の調印にこぎつけた。

なお、京大は土木工事及び原子炉建屋建設関係の入札を行い、その結果、鹿島建設に決定した。そして、ＫＵＲ建屋に付帯した施設の起工式が一九六一年十二月に始まった。

元請け、下請けのすべての契約書にサインを終えたＩＮ社ウィドウス社長は基本設計の確定前の出来るだけ早い時期に、発注者および元請け、下請けの各社及び、京大炉プロジェクトの遂行担当者をＩＮ社の本社に招き、Scoping Meetingをしたい旨提案してきた。Scopingとは仕事の範囲を確定することで、主として実験用放射孔の数と大きさの確定が主眼であった。この提案に発注者の京大は同意して、その年の夏休み明けにＩＮ社を訪問して打ち合わせを行うことに決まった。

一九六一年九月二十日、発注者側から、柴田俊一教授、岡本朴助教授、木村助手の三名、受注者側から、浅野物産の榊原課長、森川の二名、日立の桐生技師、日本鋼管の山本技師、山武ハネウェルの中川技師、計八名からなるメンバーが米国へ旅立った。

ＩＮ社本社での打ち合わせに三十日間、米国の原子力研究所や大学等の見学に十日間、移動日に五日間の計四十五日間の旅に出た。

出発当日の朝は羽田空港出発ロビーで大勢の方々の見送りを受け、万歳三唱の祝福を受けた。

この出張は私の初めての海外出張だった。

当日の搭乗機は日本航空の「宮島号」（DC‐六：レシプロ「プロペラ」大型機）であった。DC‐六レシプロ機は、最大速度毎時六四四キロメートル、航続距離五〇〇〇キロメートル、全長三二メートル、座席数は三十六席の旅客機で、我々総勢八名は通路を挟んで左右中ほどの席を占めた。

この時代の太平洋横断旅客機は日本航空とパンアメリカン航空のみだった。

当時は、一九五四年一月、英国のジェット旅客機「コメット号」が胴体の金属疲労で墜落し、乗客乗員の全員が死亡した。

その後も事故を繰り返し、運行停止となっていた。

このため一九六一年でも、太平洋横断飛行は、ジェット機の就航はなく、レシプロ大型機のみの運行だった。

当時の円換算レートは一ドル三百六十円で、ドルの持ち出し制限があり、上限が制限されていたが、我々の場合は、特別審査で上限が加算された（それでも上限は一人一日当たり、確か二十ドル？か）。万が一の用心のため、予備として、一ドル四百円の闇ドルを少々用意して胴巻きに忍ばせた。

なお、持ち出し制限内の正規のドルはすべてトラベラーズチェックとした。

(二) 京大研究用原子炉プロジェクトの遂行に向けて

発注者(京大)および受注者(米国インターニュークリア[IN社]及び浅野物産)、下請けメーカー(日立、日本鋼管、山武ハネウェル)が、米国ミズーリ州セントルイスに本拠をおくIN社に集い、Scoping Meeting を行う事が決り、一九六一年九月二十日(水)、京大の柴田教授を筆頭に、プロジェクト関係者八名は、羽田空港を後にした。

最初の給油地のウェーク島へ約六時間で到着し、約一時間半駐機の後ホノルルに向けて離陸した。当時のウェーク島には、米軍の軍用機以外には日本航空、パンアメリカン航空そしてノースウェスト航空のみが飛来していた。

ウェーク島を離陸して二時間程飛行の後、東経百八十度の国際日付変更線を通過した。通過した時刻は一九六一年(丑年)九月二十日五時二十三分。後日、日本航空から通過記念証明書が送られてきた。

この証明書は通過時刻、搭乗した本人名が刻印された機長のサイン入りのもので、色紙に七福神の絵が描かれ祝辞が添えられていた。

その後、四時間程飛行した後ホノルル空港に到着した。入国審査を終えワイキキビーチ沿いの「ロイヤルハワイアンホテル」に投宿した。当時のワイキキビーチにはホテルが三軒ほどしかなく、静かな佇まいだった。心地よくハワイアンを聴きながら、残照に映えたダイアモンドヘッドを遠望した体験は日本では味わえぬものだった。

太平洋戦争が終わって十六年経った当時でも、オアフ島に米軍基地の名残が色濃く残っていた。真珠湾への道路にはＭＰが警護して、一般人は通行禁止だった。

我々一行は離れた丘から真珠湾を一望し、往時を追懐した。

翌日（二十一日）の朝、サンフランシスコ（桑港）に向けホノルルを後にした。桑港では、ダウンタウンのヒルトンホテルに投宿し夕食後、桑港随一眺望がきくツインピークス（Twin Peaks）へドライブした。この高台は四方が見渡せ、眼下にダウンタウン、東方にサンフランシスコ湾、その対岸のオークランドやバークレイまで眺望出来た。実に美しい夜景を楽しむ事ができた。

ハワイの土を踏んでも、アメリカに来た感慨は無かったが、桑港に来て初めて米国に来たという実感を味わった。

翌日の九月二十二日（金）、ゴールデンゲート・ブリッジを渡り、桑港の対岸にあるカリフォルニア大学バークレイ校を見学した。

バークレイ校ではオッペンハイマー教授を始め多くの学者が Manhattan Project に係り、原子爆弾の開発に大きく貢献した。また、二〇二二年の現在迄に百十名のノーベル賞受賞者が輩出しており、特に化学に関する研究は世界的に有名で、周期表の元素のうち十六個がバークレイ校で発見されている。

バークレイ校のキャンパスの半地下にジェネラル・アトミックス社（ＧＡ）が開発した小型の研究用原子炉 TRIGA Mark 1 が設置されていた。原子炉建屋の上部は盛土で覆い芝生が植えられていて、学生達が芝生を三々五々散策していた。

また、バークレイ校のキャンパス内にある米国原子力委員会（ＵＳＡＥＣ、一九七七年ＵＳＤＯＥに改組）の管轄下にある「ローレンス・バークレイ国立研究所」への見学も申請していたが、訪問日までに許可が下りなく、見学を断念した。

なお、この研究所には、一九三五年から三年間、サイクロトロンの研究に嵯峨根遼吉博士が従事していた。

翌日九月二十三日（土）の朝、ユナイテッド航空で桑港を後にした。程なくしてシエラネバダ山脈の上空を通過し、その後ロッキー山脈の南端や高原の上空を通過した。やがて平坦地に出て無数の円形状の灌漑地帯や緑広がる耕作地を見る事が出来た。

桑港からセントルイスまで北米大陸の約半分の距離を正味五時間程で飛行した。豊富な資源が埋蔵している大陸を有し、また科学分野で世界をリードしている米国相手に資源の乏しい日本が戦争を挑んだとは、日本軍部の愚かさを今更ながら思い知らされた。

セントルイス・ランバート国際空港のメインターミナルは一九五五年日系二世のミノルヤマサキ氏が設計した。また、ヤマサキ氏は一九六六年にニューヨーク世界貿易センタービル（最上階は百十階）の設計も手掛けており、世界でも多くの賞を受賞した米国の建築家である。

セントルイス空港では、京大炉プロジェクト・マネージャー（ＰＭ）のクライン（klein）技師の出迎えを受けた。我々一行は郊外の上品な Adam Smith ホテルに投宿した。

翌日の日曜日は、明日からの仕事に備え準備をしたり、近くの公園を散策したりした。

ここで、京大炉（ＫＵＲ）の主要な仕様を記すと…

一、炉心：スイミングプール　タンク型
二、熱出力：千キロワット、最大出力：五千キロワット（二年後に達成）
三、ウラン燃料の濃縮度：九三％
なお、米国エネルギー省の方針で、二〇〇六年からは、高濃縮燃料での運転を停止し、二〇％の低濃縮燃料での運転に切り替えた。
四、制御棒：ホウ素入りステンレス鋼製の粗制御棒四本と微調整棒一本
五、遮蔽コンクリートの厚さ：重コンクリート　二・五メートル
KUR本体：直径二メートル×高さ八メートル×厚さ一・二センチメートルのアルミニウム製タンク
六、冷却設備：強制循環型冷却装置、熱交換器で二次冷却水に移して冷却塔から大気中に放出
七、制御装置：制御室からの制御で、ガラス窓から原子炉が俯瞰出来る
八、付帯設備：実験孔（四本）、照射孔（四本）、重水熱中性子設備（一個）、気圧輸送管（三基）、水圧輸送管（一基）、傾斜照射孔（一基）、貫通孔等
九、KUR建屋：直径二八メートル、地上二二メートル、地下七メートルの円筒形、送排風機で常時減圧

九月二十五日（月）の朝、インターニュークリア（ＩＮ社）のウィドウス社長（ＣＥＯ）始め幹部達の出迎えをうけた。ＩＮ社での打ち合わせは行き届いた準備のお陰で、それぞれの専門分野の技師達がプレゼンテーションした後、質疑応答の上、問題があれば、即決して、次のテーマに移った。

私の業務は、その日の打ち合わせの経過と結論を議事録に残すことだった。

長い一日の打ち合わせが終わると、慣れない英語詰めでの労をねぎらうため、我々日本からの出張者はダウンタウンにある小綺麗な日本料理屋に通った。

日本料理屋の給仕の多くは、いわゆる戦争花嫁と言われた人々で、大きく夢を抱き米国に来たが、不幸にして夢破れ離婚し、今更故郷には帰れない人々であった。

週末は決まって、ＩＮ社の社長や幹部の自宅に招待され、美味しい家庭料理で歓迎された。驚いたことに黒人に対する差別は依然として残っていて、すべてのホームパーティーには黒人誰一人招待されなかった。

ある日、ダウンタウンからホテルに帰る時、初めて乗り合いバスに乗る経験をした。

バスの前方と後方に二つの乗車口があった。

停車中のバスは前方バックミラーの上部に「White Only」の指示札が出ていて、白人のみが前方から乗車出来る事を示していた。私は前方の「白人のみ」の乗車口から乗るべきか、どうすべきか迷っていたら、運転手が降りてきて、私に前方から乗るように促した。

バスに乗ってみるとバスの中程に金網で前方と後方の席が仕切られていた。四十席ほどのバスで、前方の白人席のお客は数人、後方の黒人席はほぼ満席だった。金網越しに悲しげな眼差しで前方のお客を見つめていた黒人の老婆の姿を今なお忘れることが出来ない。


もう一つ忘れる事が出来ないのは、ミシシッピー川の東岸にあるイースト・セントルイスのことである。

イースト・セントルイスの犯罪発生率は全米で最悪の水準で、都市の平均犯罪発生率の十八倍程で、アル・カポネ一派の誰かがシカゴで凶悪な罪を犯した後の逃亡先は決まってイースト・セントルイスという話を聞いていた。

しかし車で街の見物をするだけなら問題ないと思い、仲間二人で日曜日の午後タクシーに乗った。行き先を告げたら、運転手は「イースト・セントルイスには行けない」、「橋の手前までしか行かない」と返事が返ってきた。たとえ車でイースト・セントルイスの街中に行っても、無事に帰って来られる保証はないとのことで、大変驚いた。

イースト・セントルイスで営業しているタクシー会社の車以外のよそ者タクシーを見かけると、たちまち風采の上がらぬ「やから」に囲まれて身動きが取れなくなるとのことだった。イースト・セントルイスは我々には全く想像が出来ないほど治安の悪い街だった。

なお、休日には、我々一行はバドワイザービールの本社があるアンハイザー・ブッシュ社を訪れ工場見学と試飲を楽しんだ。

羽田から桑港まで搭乗したダグラス社製のＤＣ‐六大型機はセントルイス工場で製造していたが、関係者以外は入域禁止だった。

柴田教授始め関係者全員の尽力でScoping Meetingは終盤に差し掛かり、十月十六日（月）、十七日（火）の両日で最終ミーティングを行うことになった。ＩＮ社は打ち合わせに必要な資料（Scoping Meetingのまとめ、基本設計の工程表、各種詳細設計との取り合いスケジュール等）を作成して、最終ミーティングに備えることになった。

その間、日本からの出張者八名は、慣れない英語での打ち合わせから開放され、英気を養うため、週末をナイヤガラ瀑布の見学に充てた。

初めて見るナイヤガラ瀑布の大きさに圧倒された。ナイヤガラ瀑布の後ろ側の岩をくりぬいて、瀑布の背後から、水の流れを見る光景は、凄まじく、その轟音と瀑布の流れは、今なお鮮明に記憶している。

最終ミーティングの十月十六日（月）、十七日（火）は予定通り終えたが、下記の三点を、今後日本で試作テストを行い評価して、本番に向けての製作や工事に臨むことになった。

一、変形のない厚さ一．二センチメートルのアルミニウム製タンクの製造

アルミニウム製タンクは日立工場で製作する予定だが、事前に試験片でテストを繰り返し、溶接による変形は全て基準内に収める。

二、アルミニウム製タンクとステンレスの冷却用配管の接合

日本鋼管の材料研究所で試作品を作り、各種テストを繰り返す。

三、均一な重コンクリートの打設

重コンクリートの打設は鹿島建設の工事のため、ここでは京大の所掌。

米国では、重コンクリートの遮蔽性能試験及び規格はManhattan Projectより関与して来た米国陸軍工兵隊の規格が適用されていた。

ＩＮ社は重コンクリートの強度と放射線減衰に係る性能試験の工兵隊の規格を柴田先生に渡し、日本での打設テストを依頼した。

柴田先生はこれらの資料を京大土木研究室の岩井教授に郵送手配し、性能試験を依頼した。

セントルイス空港で、ＩＮ社の多くの人々の見送りを受けた。特に滞在中公私にわたって色々と面倒をみてくれたクライン（Klein）プロジェクトマネージャーには、大変お世話になった。

ＫＵＲ炉の建設期間中は、クライン夫妻と娘さんの三名が日本に滞在する予定なので、美しい日本の風景を堪能してもらいたい。

十月十八日（水）、ミシガン州アナーバーに移動した。

翌日の十九日（木）、州立ミシガン大学を訪問した。ミシガン大学は一八一七年の創立で、カリフォルニア大学と同様、州立大学では米国有数の研究型総合大学である。米国州立大学と日本の大学と研究者の派遣交流は、伝統的に東大が主としてカリフォルニア大学バークレイ校と、京大と阪大は主としてミシガン大学と行っている。プロポーザルの説明時に京大での講演を行ったエモンズ教授の案内で、ミシガン大学の原子力関連研究施設を見学した。

なかでも、フォード社が寄贈した"Ford Memorial Reactor"（スイミングプール　タンク型、熱出力：二千キロワット、一九五七年運転開始）の見学に多くの時間を割いた。ちなみに、柴田教授は一九五九年三月から一年間在外研究員としてミシガン大学に留学の経験があり、エモンズ教授とは旧知の間柄だったので、楽しく見学出来た。

翌十月二十日（金）、デトロイト空港を後にしてニューヨーク（紐育）のラガーディア空港に向かった。夕刻、当時米国で最も高かったエンパイアーステートビルの展望台（八十六階にある）に上り、マンハッタン島から四方を展望した。なかでもハドソン川を眼下に自由の女神像を南方に見て、真っ赤な太陽が大地に沈みゆく夕景は桑港で見た夜景とは違った美しいアメリカの眺めだった。

翌二十一日（土）、メトロポリタン美術館を訪れた。その規模の大きさと絵画、彫刻、工芸品等世界で一、二を争うコレクションの多さに圧倒された。将来、紐育に来るチャンスがあれば、必ずメトロポリタン美術館を訪問して多くの名画を見たいと思った。

十月二十三日（月）、一行は浅野物産紐育支店を訪問した。明治維新の元勲大久保利通の直系の孫である大久保利春常務（支店長）が出迎え、一行を労った。余談だが、四年後の一九六五年（昭和四十年）浅野物産は丸紅と合併した。その後大久保利春氏は丸紅で航空機事業部本部長として活躍された。

翌二十四日（火）、アムトラック鉄道（全米鉄道旅客公社）で、マンハッタンから百キロメートル程東方にあるブルックヘブン国立研究所を訪問した。この研究所は一九四七年に設立され、主に物理、化学、生体医学の研究を行っている。現在までにノーベル物理学賞の受賞者が九名、ノーベル化学賞の受賞者が三名輩出していて日本からも東大、京大、阪大等の大学からかなりの研究者が派遣されている。

我々一行はブルックヘブン研究所の最寄りの駅で尾崎敏教授（阪大出身、フルブライト奨学金でＭＩＴに留学、Ph.D. 取得）の出迎えを受け、同研究所内を案内して頂いた。尾崎教授は陽子シンクロトロンを用いての実験の責任者として活躍されていた。

一九八一年、尾崎教授は日本の高エネルギー加速器研究所の要請で日本に帰国して、つくばキャンパスの高エネルギー加速器の建設に従事し、一九八六年当時世界一のエネルギーを誇る加速器を完成した。一九八九年、再び尾崎教授はブルックヘブン研究所の要請で米国に戻り、相対論的重イオン衝突型加速器（RHIC）の建設に従事した。見事加速器は一九九九年に完成した。

その後尾崎教授はブルックヘブン国立研究所の名誉教授として研究を続け、八十八歳の生涯を米国で終えた。

十月二十六日（木）、テネシー州ノックス・ビルへ出発し、近郊のオークリッジにある Holiday Inn に投宿した。

オークリッジは元々先住民のチェロキーが住んでいた山間の土地で、一九四二年いきなり軍隊が入って来て、六週間以内の立ち退きを命じた。

十月二十七日（金）、米国原子力委員会の管理下にあった「オークリッジ核施設」を訪問した。第二次世界大戦中の一九四三年、オークリッジに四つの施設、即ち、X-10（黒鉛減速炉を運転し、プルトニウムを精製する施設）、Y-12（ウラン２３５と２３８の電磁気的分離をする施設）、K-25（ガス拡散法によるウラン濃縮施設）及びS-50（液体熱拡散法によるウラン２３５と２３８の分離濃縮施設）が建設された。

戦後の一九五〇年代～六〇年代に入り、医学、生物学、化学、物理学等の分野に研究をシフトし「オークリッジ核施設」を「オークリッジ国立研究所」と名称変更した。

Ｋ‐25施設は平和利用のため、一九八五年迄6フッ化ウランの高濃縮精製を継続した。日本を出発する前に科学技術庁を通してウランの高濃縮施設の見学許可を米国原子力委員会に申請していたが、結局第四エリア（最も機密保護のゆるいエリア）のみ許可された。第四エリアでは、デュポン社（委託運営会社）の研究者から濃縮工程の模型を使って説明を受けた。最もセキュリティがゆるい第四エリアでさえ、我々来訪者がトイレに行く場合、警備員がトイレ迄同行し、外で待機するという厳格な管理下で運営されていた。

なお、高濃縮（九三％）ウランを使用するＫＵＲ炉用核燃料は米国原子力委員会と京大間のウラン濃縮・リース契約に基づいて濃縮ウランの提供を受けることになり、このオークリッジ国立研究所で濃縮され、ＩＮ社が契約した核燃料の加工会社に渡し、核燃料の加工と燃料棒の製作が行われた。

なお、核燃料の輸入業務一切は、浅野物産の原子力室が担当した。

このように厳重な警戒下にあるオークリッジ国立研究所に、我々が訪問した時は、すでに日本の住友金属から研究者一人が派遣されていて核燃料棒の被覆材の研究を行っていた。

この夜、我々一行が投宿しているホテルに住友金属の研究者をお招きして、オークリッジ国立研究所の研究動向等について、貴重な意見を聞くことが出来た。

以上で、予定した米国でのスケジュールは全て終了した。

十月二十八日（土）、テネシー州ノックスビル空港を出発し、ロスアンゼルス、サンフランシスコ、ホノルル、ウェーク島を経由して、十一月四日（土）、羽田空港に帰着した。初めての海外出張ではあったが、四十六日間、全員無事に米国の現状を垣間見ることが出来た。

なお、私にとって、今回の出張で得た大きな収穫は、次の二点である。

一、異国で長期間同じ釜の飯を食って過ごして来た八人は固い絆で結ばれ、その後のKURプロジェクトの遂行に大きく寄与した。

二、プロジェクトの初期に［Scoping Meeting］を行い、日本の技術者はIN社の技師達と親密な関係を築く事が出来、その後の日本での詳細設計や工事等の進捗に大きく寄与した。

KURプロジェクトは契約通り三年三ケ月後の一九六四年六月に臨界に達し、二ケ月後には定格出力千キロワットを達成した。さらに一九六八年、熱出力五千キロワットに出力上昇した。その後、京都大学研究用原子炉で、医学、農学、工学の分野での研究活動が行われて来た。

二〇一〇年、高濃縮ウラン燃料から低濃縮（二〇％）ウラン燃料に変更し、現在低濃縮ウラン燃料で五千キロワットの定格出力で運転中で、来る二〇二六年には、運転を終了する予定である。

なお、柴田教授（原子炉工学博士）は一九七二年KUR研究所の第三代所長に就任された。岡本教授（中性子工学博士）は一九八三年同研究所の第五代所長に就任された。

黎明期の原子力分野で、京大研究用原子炉の建設試運転契約を無事終えた経験は、当時駆け出しの私にとって、またとない貴重な経験となった。

成功裏に契約が履行出来たのは、柴田先生および岡本先生お二人の不断のリーダーシップと日立、日本鋼管および山武ハネウェルの絶大なるサポートがあったためである。

八坂の塔（京都、水彩６号）

(三) 原子力船

私は、浅野物産に入社後、京大研究用原子炉プロジェクトの受注活動と、同研究用原子炉プロジェクトの遂行業務に携わった。

京大炉は、一九六四年(昭和三十九年)六月、契約通り臨界に達し、二ケ月後は契約上の保証出力一、〇〇〇キロワットに達した。

この間、二年半の建設現場の駐在も含め、計六年四ケ月、このプロジェクトに係り、多くの貴重な経験を得ることが出来た。

戦後間もない一九四六年(昭和二十一年)、浅野物産は財閥解体第三次指定会社に指名され、社員を分けて「朝日物産」を独立させた。その後、一九六一年に朝日物産と合併して「東京通商」として再発足した。一九六五年(昭和四十年)には名称を「東通」に変更した。この年の鉄鉱石の輸入取り扱い高では、日本鋼管の主力商社だったため、三井物産、三菱商事に次ぐ三位だった。

一方、丸紅は一九二一年大阪の商社として、伊藤忠商店と伊藤長兵衛商店が合併して、「丸紅商店」となるが、一九四四年九月に、三興（丸紅、伊藤忠、岸本商店）が再度合併して「大建産業」になった。その後、過度経済集中排除法の適用をうけて、四社に分割して「丸紅」が誕生した。

丸紅は鉄鉱石の輸入業務で他の大手の商社に遅れをとっていたので、是非この分野に参入すべく、浅野財閥系の日本鋼管や東京銀行、富士銀行に強く働きかけ、これらの企業の強力な根回しにより、一九六六年（昭和四十一年）九月、東通（旧浅野物産）を吸収合併した。この機会に大阪本社を東京本社に移し、全役員が大阪から東京に移った。

こうして、残念ながら、旧浅野物産の東通は大阪の政商に飲み込まれていった。

このため、旧浅野物産の、物資部（アスベストをカナダから一括して輸入等）や、その他、儲け頭だった各種海外企業の総代理店を担当していた役員や社員は、丸紅に総代理権を渡さず、新たに会社を設立して、その「のれん」を武器に、引き続き営業活動を行った。

しかし、私も含め入社後十年未満のほとんどの社員は、丸紅に移った。

移るに際して、丸紅の各部部長は、東通詣を行い、優秀な人材の確保に努力した。

私の場合も、丸紅の原子力部とプラント部の勧誘合戦にあった。

当時の丸紅の原子力部は、カナダのウラン鉱山会社との契約、放射性物質の輸入、原子力関連機器の輸入等が主力取扱い商品で、プラントを扱う部門は全てプラント部に属し、原子力部には、この実績がなかった。

従って、丸紅の原子力部でも、原子力関連設備のプロジェクトを遂行出来る機能を備えることが課題だった。

このような状況下で、私の身の振り方は豊田常務の判断で、原子力部に移ることに決った。

一九六〇年代当時は、原子力空母、原子力潜水艦を含めて軍艦以外の「原子力船」は、全世界で

①一九五七年に建造され一九五九年に就役したソ連の原子力砕氷船の「レーニン号」

②一九六二年に就役した米国の原子力貨客船の「サバンナ号」

③一九六八年に就役した西ドイツの原子力鉱石運搬船の「オットー・ハーン号」

の三隻のみだった。

一方、日本の状況は、一九五六年（昭和三十一年）、運輸省は運輸技術研究所に原子力船研究室を設置して、同年の八月に、「原子力船建造十ヶ年計画」を策定した。

こうして、日本は本格的に原子力船の建造へと舵をきった。

一九六三年（昭和三十八年）八月、「日本原子力船開発事業団（原船事業団）」が設立され、初代理事長に、第一次南極越冬隊長で有名な西堀栄三郎博士が任命され、原船事業団の下で、最初の原子力船「むつ」を建造することが決まった。

従って、世界で四番目の原子力船は、日本の「むつ」となった。

原船事業団の殆どのスタッフは科学技術庁、運輸省及び日本造船工業会からの出向者だった。

翌年の一九六四年、原船事業団は大手の七造船会社に参考見積を依頼したが、入札辞退や入札価格が予算を大幅にオーバーしたため、不調に終わった。

船に搭載可能な原子炉は「加圧水型原子炉（ＰＷＲ）」であるため、この炉型の製造メーカーは米国では「ウェスティング・ハウス（ＷＨ社）」、「バブコック・アンド・ウィルコックス（Ｂ＆Ｗ社）」そして、「Combustion Eng.」の三社と、日本ではＷＨ社と技術提携している「三菱原子力工業」で、西ドイツは日本への応札に興味がなかった。

一九六四年、当時の日本の造船会社は、主機である「原子炉系」をどのメーカーに見積依頼しようとしたか、知るよしもないが、当時の造船会社が、主契約者となって、応札するリスクを負うとは考えられない。従って、原船事業団の見積引き合いを辞退したのは当然の成り行きである。

一方、当時の日本での電源用原子炉の開発動向は、

① 一九五七年（昭和三十二年）十一月には、日本の全電力及び電源開発が出資して「日本原子力発電」（原電）を設立した。

② 一九五八年（昭和三十三年）、日本原子力研究所は「動力試験炉（Japan Power Demonstration Reactor）」の建設にむけて、米国GE社及びWH社への見積依頼を始めた。

原電の一号機は、イギリスから導入した「ガス冷却型原子力発電」だったが、二号機以降は全て米国で開発された「軽水冷却型原子力発電」の導入を計画していた。

このような状況下での日本の大手三重電メーカー（日立、東芝、三菱）は、船舶用の原子炉の開発に取り組んでいる余裕はなかった。

丸紅は一九六四年（昭和三十九年）の年初から原子力船の建造計画に関する情報を収集して、前向きに検討を始めていた。

原子力船の建造は、原子力発電プラントとは違って、当面は「一回限り」のビジネス・チャンスのため、日本の原子炉メーカーは前向きに取り組むことを考えていなかった。

このため、丸紅のような商社が応札する余地は十分にあった。

一方、原船事業団は、海外で建造経験のある米国Ｂ＆Ｗ社を担いで原子炉系と主機を輸入して、船体は日本の造船会社に依頼するという体制を検討していた丸紅を大いに歓迎し、早急に入札体制を整える事を希望した。

なお、一九六二年に就航した、米国の原子力船「サバンナ号」の原子炉と付帯設備はＢ＆Ｗ社製である。

丸紅は、日本の原子力船「むつ」の応札体制を検討した結果、

①全体のまとめ役を「丸紅」が担当する。

②動力源である原子炉系と付帯設備は米国の「Ｂ＆Ｗ社」が担当する。

③船体とその関連設備は「石川島播磨重工（ＩＨＩ社）」が担当する。

このように三社によるコンソーシアム（企業協同体）を組んだ応札体制とした。

私は丸紅に入社した一九六五年四月から、このプロジェクトの見積取り纏め業務を命じられ、三社によるコンソーシアムの丸紅側の担当者になった。

しかし、日本政府の関係者の多くは、西ドイツと同様に、原子力船「むつ」も国産炉搭載の建造計画を希望していたので、余程のコスト・カットがない限り、輸入炉搭載の原子力船は「当て馬」で終わるのではという危惧があった。私は丸紅トップの真意を質したが、輸入炉搭載の原子力船を建造する体制で応札する考えを変えることはなかった。

このため、丸紅本社に「リエゾンチーム」（連絡チーム）を置き、見積作業の準備に入った。

リエゾン・チームの構成メンバーは米国Ｂ＆Ｗ社原子力事業本部から一名、ＩＨＩ社の豊洲工場から一名、丸紅から私と若手担当者の二名に加えて、外国人向け秘書（速記が出来る）一名の計五名でスタートした。

なお、原子力船「むつ」の主要項目は次の通りである。

① 総トン数：八，〇〇〇トン

②全　長　：一三〇メートル
③全　幅　：一九メートル
④喫　水　：七メートル
⑤ボイラー：一基
⑥主機関　：加圧軽水冷却型原子炉（ＰＷＲ）一基
⑦蒸気タービン：一基
⑧出　力　：三万六，〇〇〇キロワット（一万馬力）
⑨最大速力：一八ノット
⑩航続距離：十四万五千海里
⑪乗務員　：八十名

原船事業団の引合仕様書に基づいて、一九六五年（昭和四十年）の暮れに、見積書を作り、原船事業団に提出した。

競争相手は、三菱グループのみで、二グループの入札となった。

翌一九六六年（昭和四十一年）の、年明け早々に、原船事業団から呼び出しがあり、入札結果は下記の理由により三菱グループが選ばれたと申し渡された。

①丸紅グループと三菱グループの見積価格は二グループ共、予算を大きくオーバーしていて、金額の差はほとんどなかった。

②当時の中曾根科学技術庁長官は、二グループの応札価格に大きな差がなければ、優先的に「国産の原子力船」を選ぶ。

この結果は、見積当初から予想されていたので、全く驚かなかった。

もし、丸紅グループの見積額が三菱グループより一〇～一五％以上安かったら、丸紅グループが選ばれるチャンスもあったと聞かされたが、一〇％以上もコストカットする余裕はなく、赤字を次のプロジェクトでカバーする事が出来ない案件なので、丸紅・ＩＨＩ・Ｂ＆Ｗ社グループは、入札結果を了解した。

その後、原船事業団は、予算の都合上、船体と原子炉系を分割して、夫々発注する方針に切り替えた。

このため、日本造船工業会の斡旋により、原船事業団は船体をＩＨＩに、原子炉系を三菱原子力工業に分割発注し、両社の取り合い調整を原船事業団が行う事になった。

その後、原子力船プロジェクトは、紆余曲折して進行した。その推移表は次の通りである。

①一九六八年十一月、ＩＨＩ東京第二工場で船体部が起工された。
②一九六九年六月、進水式が営まれた。
③一九七〇年七月、船体部が完成し、船体をむつ湾大湊港に回航された。
④一九七二年八月、原子炉系が完成した。
⑤一九七四年八月、地元住民の反対を受け、出力上昇試験は青森県尻屋崎東方八〇〇キロメートルの洋上で行った。
⑥一九七四年九月、原子炉の出力を一・四％に上げたとき、原子炉上部の遮蔽リングで放射線漏れが確認された。これは、高速中性子が遮蔽体の間隙を伝わって漏れ出る「ストリーミング現象」だった。

この現象は、三菱原子力工業が設計するにあたって、計算にのり難い複雑な形状の遮蔽材の遮蔽能力について、判断ミスがあったのではと思われる。

遮蔽計算を米国ＷＨ社にリビューしてもらったとき、遮蔽不足は「ストリーミング」ではないかと指摘されたが、その後何ら是正されなかったのでは、と推測されている。

その後、一九八三年（昭和五十八年）、長崎県佐世保での遮蔽改修工事が終わり、青森県関根浜港に戻り、出力上昇試験や海上試運転を行った。

一九九二年（平成四年）、我が国初の原子力船「むつ」は全ての航海を終了した。

この間足掛け二十六年以上の歳月と開発費千二百億円以上の国家予算を費やし、高い勉強代を払ったことになった。

第8章　日本エヌ・ユ・エス（JANUS）の誕生

ワシントン郊外の晩秋（水彩６号）

一九五八年（昭和三十三年）四月、浅野物産に入社後、第7章で述べた通り、京大研究用原子炉の受注、現場駐在、受注後のプロジェクトの遂行から一九六四年（昭和三十九年）八月の引き渡し完了まで、このプロジェクトに携わった。

営業活動中は、提携先のインターニュークリア（ＩＮ社）の会社概要と主たる上級技師、研究者の経歴書を翻訳して、科学技術庁、通産省、電力会社等に積極的に説明して回った。昭和三十年代頃は、エンジニアリング業務内容は分かるが、「コンサルタント業務」という概念を理解している人は皆無と言ってよいほど少なかった。

特に官庁は、ソフトウェアのサービスは発注先のメーカーが無償で提供するもの、と理解していた役人が多かった。このため、「コンサルティング業」は有償で提供するという事を理解してもらうために、かなりの歳月を要した。従って、契約にこぎつけて、通産省に外貨取得申請をしても、貴重な外貨を無駄使いしているのではと言って、認可が下りるのに、時間を要した。

このような状況下で、最初に大口のコンサルタント契約を頂いたのは、日本原子力研究所

（原研）の嵯峨根遼吉副理事長の英断によるものだった。

原研の嵯峨根副理事長は、かの有名な長岡半太郎博士（東大教授で、弟子達は本多幸太郎、寺田寅彦、仁科芳雄等錚々たる物理学者）の五男で、東京帝国大学理学部物理学科を卒業後、英国、米国に留学し、帰国後理化学研究所の仁科芳雄理事長の下でサイクロトロンを使った原子核物理の研究に従事され、その後東京帝国大学教授に就任された。

一九四九年（昭和二十四年）、嵯峨根遼吉博士は、再び渡米されカリフォルニア大学バークレイのローレンス研究所で原子核物理の研究に従事された。その後、一九五六年（昭和三十一年）、創立間もない原研の理事として招聘され、帰国後、間もなく、副理事長に昇格された。

一九五八年（昭和三十三年）晩夏の頃、原研嵯峨根副理事長の秘書から、浅野物産に電話があり、原子力室の榊原課長と私は、嵯峨根副理事長室に入った。

当時原研は、発電用原子炉の動力試験炉（JPDR）の炉型選定先として、加圧水型軽水炉（PWR）を開発した米国ウェスティング・ハウス（WH社）と、沸騰水型軽水炉（BWR）を開発した米国ジェネラル・エレクトリック社（GE）が候補に上がっていた。

日本で最初の動力試験炉（JPDR）の炉型選定評価のため、嵯峨根副理事長は、IN社を起用する事を決め、浅野物産に正式見積の提出を依頼された。

原研の見積依頼書をIN社に送付してから、IN社は十日程後に、このプロジェクトに携わる上級研究員や上級技師のレジュメを添付した見積書を送ってきた。見積書に記載されたＭＨ単価（一時間当たりの作業単価）は当時の日本人の四倍以上の高額だった。当時の対ドル換算レイトが、一ドル三百六十円の時代とは言え、大変高い見積金額だった。

浅野物産は、この見積額を社内で色々検討した結果、ＭＨ単価を下げて、その相当分だけ、ＭＨ時間を増やすという姑息なことは一切せず、そのまま原研に提出した。

数日後、原研の総務部から連絡があり、浅野物産が提出した見積金額から一円の値引き要求もせず、追加業務として、ＩＮ社の上級技師一名を日本に一週間程招聘する費用を上乗せして、再見積の提出を求められた。

このことは、コンサルタント会社を如何に使うかを、米国で長年研究されてきた嵯峨根副社長が熟知されていた為である。

米国ＩＮ社は、仕事開始から約三ケ月後の十二月初旬に、本プロジェクトのＰＭ（プロジェクト・マネージャー）のリーシィ博士が、分厚いレポートを持参して来日し、原研本部で詳細な会議が始まった。原研側の出席者は、嵯峨根副理事長以下、都甲泰正上級研究員（後日、東大の原子力工学科教授）他優秀な研究員数名が出席され、約一週間にわたり活発な質疑応答が行われた。

一日のミーティングが終わると嵯峨根副理事長は自分の部屋にリーシィ博士だけを呼んで、二人だけの打ち合わせの時間を持たれた。

翌年の一九五九年一月、原研は沸騰水型軽水炉（ＢＷＲ）を導入することを決定し、その旨大々的に発表した。

その結果、ＧＥと技術提携していた東芝、日立は、ＧＥの下請けとして、動力試験炉の詳細設計から機器の製造を担当し、日本初の原発試験炉（ＢＷＲ）の建設工事が始まった。

一九五九年（昭和三十四年）九月、嵯峨根副理事長は動力試験炉の設計建設が緒についたばかりの原研を後にして、日本原子力発電株式会社（原電）に顧問として招聘された。

翌年の一九六〇年（昭和三十五年）には取締役、翌々年の一九六一年（昭和三十六年）に常務、そして、一九六六年（昭和四十一年）には、副社長に昇格され、日本の商業用原子力発電所建設のパイオニアとしての道を歩まれた。

一九六四年（昭和三十九年）、東通（ＧＨＱの占領下に浅野物産が会社を二つに分け、後日、姉妹会社の朝日物産と再び合併して、東通に社名変更した）は原電から「軽水炉の入札に関するコンサルティング業務」の引合いを受けた。

その内容は原子炉本体の購入仕様書と核燃料の購入仕様書の作成、評価で、日本で数回の打合わせ業務も含め、約一年以上にわたる契約のため、コンサルタント業務としての見積金額も多額だった。

この場合も、嵯峨根常務は提出した見積金額について、何のクレームもつけず、提出した見積金額で契約する事になった。このことでも、嵯峨根常務が「コンサルタント会社の起用の仕方」を誰よりも熟知しておられ、かつＩＮ社を高く評価しておられた証拠であると実感した。

一九六五年（昭和四十年）一月、原電はＧＥ及びＷＨに「敦賀原子力発電所、一号機」の設計から試運転までの一括業務の見積を依頼した。

原電は二社からの膨大な見積仕様書と応札金額を細部にわたり検討した結果、同年の十月、発注先としてＧＥを選んだ。

当時の米国では、①シッピング・ポート（ＰＷＲ）、②ドレスデン一号（ＢＷＲ）、③ヤンキー・ロー（ＰＷＲ）、④インディアン・ポイント（ＰＷＲ）の四基の原子力発電所が稼働中であったが、オイスター・クリーク（ＢＷＲ）始め、目白押しに原子力発電の建設計画が具体化しつつあった。

米国における最初の核開発は、一九四二年（昭和十七年）十月、「マンハッタン計画」(Manhattan Project) から始まり、当時のルーズベルト大統領は、必要な場所の選定から施設の建設迄、大規模開発に慣れている米国陸軍に行わせた。

その結果、マンハッタン計画は次の三施設と冶金研究所で遂行された。

①オークリッジ（テネシー州）のウランの濃縮プラントの建設
②ハンフォード（ワシントン州）のプルトニウム生産プラントの建設
③ロスアラモス（ニューメキシコ州）のマンハッタン計画の統括本部の設置

その他、原爆に使用する材料の研究開発として、

④冶金研究所（イリノイ州）（戦後はアルゴンヌ国立研究所に名称変更）の建設

なお、第二次世界大戦後に、艦船に搭載する原子炉の研究開発として、アイダホ・フォールス（アイダホ州）に、海軍原子炉試験場が建設された。

米国政府はこれらの施設を、戦中、戦後を通して大手化学会社であるモンサント・ケミカ

ル社、ダウ・ケミカル社、デュポン社、ユニオン・カーバイト社及び総合建設会社のベクテル・コーポレーション等に委託運営した。

しかし、戦後の米国では、あらゆる分野において電化が急速に進み、電源開発の緊急性が高まり、原子力発電を目的とした軽水炉が脚光を浴びるようになった。

こうして、ＧＥ、ＷＨ、Ｂ＆Ｗ及びCombustion Eng. の台頭を促し、その結果、大手化学会社の原子力分野からの撤退を早めることになった。

ＩＮ社の親会社であるモンサント・ケミカル社も、一九六四年（昭和三十九年）頃から原子力分野からの撤退を検討していた。

これはちょうど、京大研究用原子炉プロジェクトの試運転が終わった時期である。

一方、時計の針を少し巻き戻すと、一九六〇年（昭和三十五年）、米国のジョン・イー・グレイ（John E.Gray）氏は米国ワシントンD.C.に原子力コンサルティング会社、Nuclear Utility Service Corp.（後にNUS Corporation［ＮＵＳ］に改称）を設立した。

同氏はＧＥ、米国原子力委員会に勤めた後、米国で最初に商業運転を開始した「シッピング・ポート原子力発電所」（一九五七年十二月商業運転開始）のプロジェクト・マネージャーとして携わった。

モンサント・ケミカルがＩＮ社を手放す事を知ったＮＵＳのグレイ社長は優秀な人材を多く擁しているＩＮ社をモンサント・ケミカルから買収することに決めた。

一九六四年（昭和三十九年）秋に、ＮＵＳ社のグレイ社長と、ＩＮ社のウィドウス社長が揃って来日して、進行中のＩＮ社のコンサルティング契約をそのままＮＵＳ社に継承することを記した三社（東通（旧浅野物産）、ＩＮ社、ＮＵＳ社）連名の保証書を客先に提出して、現在コンサルタント契約が遂行中の全ての客先の了解をとった。

一方、日本の核燃料開発分野での動向は、一九五五年（昭和三十年）に鳥取県人形峠でウラン鉱床が発見され、一年後の一九五六年八月に原子燃料公社（原燃）が設立された。

原燃は核物質の探鉱と核燃料の生産加工を業務として、東海村に東海精錬所を設置して、真っ先にイエローケーキ（ウランを含有した粉末、ＵＦ６）迄精製する試験プラントの建設計画を立て、一九五八年（昭和三十三年）六月に競争入札を行った。その結果、浅野物産（千代田化工建設が下請け）が受注した。

このプロジェクトの受注時期は、ちょうど私が浅野物産に入社して、原子力室第一課で京大研究用原子炉の受注活動を始めたころである。

このような原子力の黎明期に、商社がウラン精製の試験プラントを受注し、二年後には京大研究用原子炉の Turn Key Contract（設計、建設、試運転一括契約）を受注した事は、他の商社では例を見ない、画期的な出来事であった。

その後、一九六四年（昭和三十九年）、原燃は日本で最初の使用済核燃料再処理工場（〇・八トン／年）の予備設計を英国核化学プラント社（ＮＣＰ、千代田化工建設と提携）に発注した。

引き続いて、基本設計の見積提出を英国のＮＣＰ社に依頼したが、ＮＣＰ社の見積金額は驚く程高額であったので、原燃は科学技術庁と相談の結果、英国ＮＣＰ社への単独見積依頼を止め、フランスのサンゴバン（ＳＧＮ）社との競争入札に切り替えた。

当時、日本揮発油株式会社（一九七六年、「日揮」に変更、以降「日揮」と呼称）は原子力産業界への進出は大変消極的だった。

このため、日本原子力産業会議（日本原産）の常任理事で初代事務局長の橋本清之助氏が再三にわたり、日揮本社を訪れ、実吉雅郎社長に原子力産業界への参入を要望された。

日本原産の橋本常任理事の顔を立てる気持ちで、日揮の実吉社長は、気が進まぬままＳＧＮ社と提携して、再処理工場の基本設計業務の競争入札に応じた。

入札の結果はサンゴバン・日揮グループがイギリスのＮＣＰ・千代田化工グループに大差な金額で落札した。

日揮はこれを契機に原子力分野へ参入したが、千代田化工（当時、玉置明善社長）は、これを契機に原子力分野から撤退することになった。

このことは、エンジニアリング業界を代表する日揮と千代田化工の二社が、日本の原子力業界へ、本格的に参入出来るかどうかの、運命の分かれ目となった。

一九六五年（昭和四十年）十二月、東通（旧浅野物産）原子力部榊原次長（私の直接の上司）は、東通が丸紅に吸収合併される事になったので、東通を辞め、日揮に転職された。

安田財閥系の「芙蓉グループ」の中核的プレーヤーの日立と丸紅は、三菱グループや三井グループのような硬いグループ意識はなかった。

当時、丸紅の原子力部の主たる業務は、提携しているカナダのウラン鉱山を買って、ウラン精製プラントへのウラン鉱石の輸送や原子力関連機材の輸入であった。

従って、原子力分野でのプラント関連業務は皆無で、私が丸紅に移籍してすぐ担当を命じられた原子力船「むつ」建造プロジェクトへの応札が最初のプロジェクトだった。

なお、このプロジェクトは、第7章（三）で詳細に述べたが、一九六六年（昭和四十一年）

三月、日本政府（中曾根科学技術庁長官）の意向で、日本原子力船事業団は、丸紅が担いだ米国のＢ＆Ｗ炉の輸入炉を採用せず、三菱グループの国産炉を選択し、原子炉を搭載する船をＩＨＩに発注した。

一九六五年、日揮の榊原課長は、原燃が計画中の東海村の「使用済核燃料再処理工場の詳細設計及び建設、試運転引き渡し」プロジェクトの受注に向けて、鋭意活躍された。

日揮の本社が入居していた新大手町ビルと、丸紅本社が入居していた大手町ビルとは徒歩で三〜四分程の距離であるため、日揮に転職された榊原課長とは、近くのビルの喫茶店で、お茶を飲みながら、今後の原子力分野の動向について、意見交換する機会が多かった。

その時、時々、榊原課長は日揮の橋本原子力部長も同道されて、三菱、日立、東芝が独占的に活動している電力業界で、果たしてエンジニアリング会社が活躍する場があるのか、しばしば私に意見を求められた。

そうこうしている内に、私は榊原課長から日揮への転職のお誘いを、度々受けるようになった。丁度、この時期は、丸紅での原子力船の受注案件が、中曾根科学技術庁長官の意向で、丸紅が担いだ米国のＢ＆Ｗ社の「輸入原子炉」でなく、三菱の「国産原子炉」を原子力船「むつ」に搭載するという方針が決まったときだった。

従って、私は、このまま丸紅に留まることをせず、原子力分野でのエンジニアリング会社の活躍の場に魅力を感じ、日揮に移ることを前向きに考えた。

この転職にあたっては、当時の丸紅豊田常務と日揮権藤登喜雄副社長が面談され、私の意向を汲んで、一九六六年（昭和四十一年）七月丸紅を円満退社し、日揮に就職する事になった。

日揮の橋本原子力部長は、私に「プロジェクト部門」に行くか「営業部門」に行くかという配属選定を急いで決めず、「両方の活動状況をよく観察してから、ご自身がやりたい部門を選んで下さい」と述べられた。従って、しばらく、私は両部門を行ったり来たりして業務内容を観察していたが、榊原課長の忙殺を見て見ぬ振りが出来なかったのと、エンジニアリング会社での営業が面白かったので、自然と営業での仕事に傾いていった。

入社当時の日揮には、科学技術庁、原研及び電力会社へ売り込むための必要な資料が揃っていなかったので、先ずは、説明資料の整備をした。

「日揮」のプロジェクト遂行に関する説明や、米国原子力委員会（ＵＳＡＥＣ）、米国の国立研究所、米国の原子力発電所の最新情報等を一つのパッケージにして、科学技術庁、原燃、東電、中部電力、関電、及び電気事業連合会等を訪問して、説明を行った。

この頃の客先の担当技術者は、「日本揮発油」の名刺を初めて見ると、「うちは油はいらない」と言って、私が場違いのところに迷い込んだような態度で、なかなか時間を取って貰えなかった。

しかし、半年程過ぎたころには「日揮さん」と呼んで頂くようになり、特に米国原子力委員会の最新情報や、米国の原子力発電所の動向や計画等に大変興味があり、次第に親しく話し合うようになった。

時を同じくして、日本の原子力委員会は、一九六六年（昭和四十一年）九月に、民間企業が特殊核物質（濃縮ウラン、プルトニウム、ウラン２３３）の所有を認める方針を決定した。従って、今後、濃縮ウランの購入契約、賃濃縮契約等について、米国原子力委員会（ＵＳＡＥＣ）や米国のメーカー等と、日本の電力会社は直接取引が出来るようになり、濃縮ウランの購入も含めて自由に仕事が出来るような環境が整った。

このため、東電は自社の原子力発電所用核燃料に必要な濃縮ウランの確保について、早速、日揮（ＮＵＳ）とコンサルティング契約を結び、情報の収集に務めた。

一九六七年（昭和四十二年）の春、日揮（ＮＵＳ）は東電と、

①米国原子力委員会（ＵＳＡＥＣ）の「賃濃縮契約」案文の入手とその内容についての解釈
②東電が建設中及び計画中の原子力発電所で、毎年消費する濃縮ウラン量の算出
③原子炉の最適燃焼管理方法
④ＵＳＡＥＣに賃濃縮ウランを依頼した後の核燃料の加工日程も含めた必要日数等の算出例等

についてのコンサルティング業務契約をした。

一九七〇年（昭和四十五年）七月、日揮はＮＵＳと将来合弁会社を設立する事を目的とした「役務・情報等の提供に関する契約」を締結した。

私は上司の榊原課長に「日揮とＮＵＳ」の二社だけで、日本で原子力分野のコンサルティング会社を設立しても、大きな発展は望めない、むしろ、「日揮・ＮＵＳの二社に加えて、日本で最大の電力会社である「東電」も株主として参加して頂く事で、今後の原子力分野でのコンサルティング会社の基盤は盤石の重みを増すに違いない」と、強く進言した。

早速、榊原課長は、私の提案を合弁会社設立を諮問している日揮の幹部会で提起された。

榊原課長は、東電が株主になったら、他の電力会社は、「日揮・ＮＵＳ・東電」の合弁会社を使わなくなるのでは、と大変危惧されていた。

しかし、合弁会社を設立する上で、このことは重要な事柄なので、榊原課長は、包み隠さず幹部会で、開陳され、皆さんの率直な意見を聞いた。

他の出席者も榊原課長と同じ懸念を持つ幹部が多かったが、司会役の鈴木義雄社長は「森川君の提案通りにやってみたらどうか。東電が株主になる事で、却って他の電力会社も積極的に合弁会社に依頼するようになるかも知らん」と言われ、東電が株主になる案を支持された。

従って、東電に日揮・ＮＵＳが設立する法人の株主になってもらう案件は、鈴木社長の鶴の一声で決着した。

なお、幹部会では、合弁会社の名称も取り上げられ、榊原課長が「日本・エヌ・ユ・エス株式会社（英文名、Japan NUS Co.）、略称「ジャナス（ＪＡＮＵＳ）」を提案され、満場一致で決まった。

その後、ＪＡＮＵＳの株主として東電も参加してもらうべく、鈴木社長が自ら東電の木川田一隆社長に会いに行くと言われ、早速、木川田社長に連絡を取り、榊原課長が同行して、木川田社長を訪ねる事になった。

木川田社長は、鈴木社長の訪問の趣旨をすぐ理解され、東電が少数株主になる事に積極的な意欲を示された。その上、「東電から後日、関西電力と中部電力にも話を持ち掛け、この三社が少数株主になるのが、今後のＪＡＮＵＳの発展にとって、大いに寄与するだろう」と鈴木社長に提案された。

木川田社長の提案に従って、その場で東電の他に中部電力と関電にもＪＡＮＵＳの少数株主になることを木川田社長から打診してもらうことが決まった。

東電社長の木川田氏は優れた経営者として電力業界のみならず、当時の日本の経済界を代表する人物の一人だった。中部電力と関西電力もＪＡＮＵＳの株を少数持ってもらうという木川田社長の提案で、日揮の幹部会で大勢の役員が危惧したこととは正反対に、ＪＡＮＵＳの将来の基盤は盤石となり、洋々たる発展が約束された。

私は、木川田社長が一介のジョイント・ベンチャーに過ぎないＪＡＮＵＳにこれほど肩入れされるとは思いもよらぬ出来事で、大変驚いた。

木川田社長の意向は陪席されていた東電の田中直次郎常務によって、関連する部署に下達され、東電がＪＡＮＵＳ設立資本の一〇％を引き受けることで、政府申請を行った。

かくして、一九七一年（昭和四十六年）六月三日、エネルギーと環境のコンサルティング・エンジニアリング会社「ＪＡＮＵＳ」が誕生した。

そして、取締役会長にＮＵＳのグレー社長が兼務就任、取締役社長に日揮の鈴木社長が兼務就任、監査役に日揮の屋敷寛常務と東電の田中常務が兼務、日揮の榊原課長が常勤取締役、社員四名の「ＪＡＮＵＳ」が誕生した。このとき、常勤者は僅か五名であった。

私は日揮の社員のまま、ＪＡＮＵＳの社員も兼務することで、今まで通り仕事に携わることになった。

早速、東電木川田社長から、関電と中部電力のトップにＪＡＮＵＳの少数株主になってもらう旨話が通じ、両社とも木川田社長の申し出を了解された。

その後、事務手続きを経て、一九七四年関西電力と中部電力がそれぞれ五％ずつＪＡＮＵＳの株式を保有した。

ＪＡＮＵＳ設立後、原子力に関する様々なコンサルティング業務を順調に受注した。多くのコンサルティング業務のなかで、ＵＳＡＥＣとの賃濃縮契約交渉サポート業務の一例を述べる。

日本の各電力会社がＵＳＡＥＣと賃濃縮契約を締結するに当たって、ＪＡＮＵＳが援助し

た内容は、

①賃濃縮契約の解釈
②各発電所ごと及び各年ごとに必要な濃縮ウラン量の算出
③電力会社独自で計算した必要な賃濃縮量との比較検討
④各発電所ごとの最適燃焼管理
⑤現地のＵＳＡＥＣでの契約交渉援助

など。ちなみに、ＵＳＡＥＣの実働本部はワシントン特別区の郊外（メリーランド州ゲイサスバーグ）にあり、職員数は約三千五百人を擁する大所帯である。

そして、超極秘扱いの原爆製造サイトの管理部門から、国立原子力研究の所掌管理、大学の原子炉施設や発電所等に対する許認可事項と、外国の企業と契約等を行う業務部門など、四部門に区分けされていた。

ＵＳＡＥＣは、外国企業と各種の契約交渉を行う部門でさえ、外国人が席を外す場合（例えば、トイレ等）は、必ずＵＳＡＥＣ側から一人同道して、用を足す迄外で待機するという厳しい管理下に置いて運営していた。

なお、ＪＡＮＵＳの所掌範囲である極東、東南アジアの電力会社へのアプローチについて述べると…

（一）韓国電力株式会社の場合

（注：韓国電力株式会社は一九八二年に国有化され、韓国電力公社に変更）

一九七〇年代初めごろから、日揮は日本の顧客に加えて、韓国電力からもコンサルティング契約を受注するようになった。

日本での場合と同様に、韓国電力を初めて訪ねた時は、硬い態度での対応だったが、親会社の日揮や米国ＮＵＳの実績、米国での原子力発電所の最新動向等を説明すると、大きく態度が変わった。

特に、日揮は韓国石油公社から、韓国初の石油精製プラントの設計、建設、試運転迄の一括契約を受注して、その竣工式に、当時の朴正熙大統領が臨席されたこと、米国で、最初の原子力に特化したコンサルティング・エンジニアリング会社であるＮＵＳ社の実績を説明し、多くの上級技師が博士（Ph.D.）の保持者であること、また、優秀なエンジニアの多くは、

GEやWHで多くの経験を積んでいることなどを説明した。

徐々に、原子力部門や資材部門の方々と親しく会話ができる状態になった。特に、原子力部長と資材部長とは昵懇の間柄になった。加えて、韓国原子力研究所（韓国原研）の核燃料部門の金再処理研究部長とも親しくお付き合いをする間柄になった。

当時、韓国原研の金部長の叔父が、韓国電力の閔社長だったので、紹介してもらい、挨拶方々、日揮及びNUSの原子力分野での実績等について説明した。

その後、閔社長が米国出張から帰路の途上、東京に約一週間滞在されたときは、日本の官庁への挨拶や日立、東芝等の重電メーカーの社長との会合に加えて、日揮の鈴木社長とも会って頂き、会食をしながら、韓国のエネルギー事情等の現況を聞くチャンスを作った。JANUSにとって大変有意義な会話が出来、将来の受注に大きく貢献した。

そうこうしているうちに、JANUSは韓国電力から古里原子力発電所一号機の設計建設に係る様々なコンサルティング契約を受注するようになり、多忙な時期を迎えるようになった。

例えば、溶接に関する経験豊富な技術者一名を一年間、古里原発サイトに駐在させ、韓国電力の現場責任者を、溶接技術面からサポートする業務などがある。

私もこの間、古里原発の建設現場に駐在しているNUS技師をしばしば訪ね、陣中見舞いがてら、現場からのコンサルティング業務の依頼案件をこなした。

（二）台湾電力公司の場合

一九六七年（昭和四十二年）十二月十三日、私と米国ＮＵＳのCampbell（キャンベル）営業部長の二人で台湾電力公司を訪問すべく、羽田空港を飛び立った。

台湾電力公司への訪問は初めてなので、紹介状を持って行くべきと考え、日揮の権藤副社長に相談すると、横浜市港北区新吉田町にある高見澤工機の高見澤一男社長が蔣介石の右腕と言われる何応欽（カオウキン）氏と昵懇の間柄である事が分かった。

早速、上司の橋本原子力部長と一緒に、東横線の鶴見駅から二キロメートル程離れた鶴見川添いの高見澤工機の本社を訪ね、何応欽氏への紹介を依頼した。

なお、何応欽氏（一八九〇年四月二日〜一九八七年十月二十一日）は、戦前、日本の陸軍士官学校を卒業後、蔣介石の推薦で孫文の下、大本営軍事参謀に任命された。その後、国民革命軍創設とともに、蔣介石の右腕として活躍した。終戦時には、南京での日本の軍部の降伏文書調印式で、陸軍総司令として中国側の代表を務めている。そして、満洲を除く中国内陸部の元日本軍兵士を安全に日本へ帰国させ、後日日本政府から感謝された。すなわち、一兵卒も抑留せず、無事日本に帰国させた功労者である。

その後、中国の内戦で、中国人民解放軍（毛沢東主席）に敗れ、一九四八年（昭和二十三年）、台湾へ逃亡した。そして、台湾での何応欽氏は蔣介石の代行として、日本、米国、東南アジア各国を歴訪して、連携樹立に努力した。なお、日中文化経済協会理事長も歴任した。これらの功績のため、何応欽氏は、日本政府から勲一等旭日大綬章を受章した。その他、ドイツ、フランス、メキシコ、韓国等からも第一級の勲章を受章している。

すでに高見澤社長から何応欽氏宛てに、我々二人が台湾電力へ訪問したい旨の電報が打電されていた。その上で、高見澤社長は、何応欽氏の筆頭部下である陳良氏宛に、台湾電力の朱筆頭副総経理宛に紹介状を書いて頂いた。

なお、当時、応欽氏と陳良氏は台北でコンサルティング会社を経営していた。

台湾電力公司の実質トップの朱筆頭副総経理へは、すでに陳良氏から話が通じていて、会う事が出来た。

朱副総経理は、京都大学卒業後、米国のコーネル大学で工学博士（Ph.D.）を取得した後、国立台湾大学でしばらく教鞭を執られた後、台湾電力公司に入社された。

日本語も英語も堪能な物腰の柔らかい朱氏は初日の昼食に、蔣介石の妻宋美齢(ソウビレイ)氏がオーナーである圓山大飯店（The Grand Hotel）に招待してくださった。

圓山大飯店は台北のランドマークで、台北市街を見下ろす高台にあり、大理石が敷き詰められた一階ロビーはどの国のホテルでも見る事がない程、見事なロビーである。

かくして、朱副総経理のお勧めの美味しい中華料理に舌づつみを打ちながら、台湾の原子力発電計画、原子力発電所の運転技術者のトレーニング計画等、その他原子力に関する様々な情報を聞くことが出来た。

台湾電力公司が計画中の「台湾第一原子力発電所」の建設候補地を視察してもらいたいと、急に食事中に依頼され、翌日早朝、台湾電力公司原子動力處副處長の林英氏の案内で、建設候補地を視察した。

我々が案内された建設候補地は、台北市から三〇キロメートル程西の台湾海峡に面した林口あたりだったので、国の安全保障上、太平洋側に候補地を探すべきではないのかと、この点を強く同行の林副處長に申し上げた。

翌日、お礼の挨拶のため、台北市にある陳良氏を訪ねた。同氏は流石、大変流暢な日本語で、我々を温かく迎え入れ、日台経済協力の話や日本や米国の原子力開発状況について、歓談した。

台湾電力公司を訪問してから数ケ月ほど経過した後朱副総経理から丁寧な書簡が届いた。その内容は、台湾電力第一原子力発電所の建設に係るコンサルティング業務の連絡ルートをすでに米国西海岸に開設している台湾電力公司の駐在事務所を通して、NUSに依頼したいので、日揮はこの旨、了解してほしいという内容だった。

こうすることで、米国西海岸に駐在している台湾電力公司の駐在員事務所の技師達にもコンサルティング業務の内容を把握させ、学ばせたい意向のため、やむを得ず、日揮は台湾電力公司の業務から手を引くこととして、鈴木社長の承認をもらい、了解した旨、朱副総経理に返信した。

その後、米国NUSは、台湾電力から様々なコンサルティング業務を受注した。特に、原子炉の最適燃焼管理（Core Management）や核燃料関係の受注案件が多かった。

なお、台湾電力第一原子力発電所及び第二原子力発電所の建設サイトは、複数の建設候補地の検討の結果、最終的に台北市から北方三〇キロメートルの新北市石門区が選定されていた。

常勤五名から始まった日本エヌ・ユ・エスは、順調に受注を獲得すると同時に、優秀な人材を、随時中途採用して、原子力関係のみならず、環境へのコンサルティング業務の拡大を図り、現在では二〇〇名以上の社員を擁するエネルギー、環境保全に関するコンサルティング及びエンジニアリング会社に発展した。

一九九九年（平成十一年）七月二十三日、ＪＡＮＵＳの生みの親の一人である日揮、鈴木相談役が逝去された。

東京電力平岩外四相談役から「鈴木義雄さんの思い出」と題した追悼文がよせられたので、その抜粋を、次の通り紹介する。

――

「鈴木義雄さんと頻繁に話し合う機会が増えたのは、私が東京電力の社長になってからです。仕事が中心の協議とか折衝のための席でした。電力業界はエネルギー産業の中核として、その供給の確保と安全維持を社会に対する責務としています。

それだけに、エンジニアリング業界との密接な協力関係は事業運営に当たって不可欠の要件であります。

原子力発電の安全確保が私どもの事業に課せられた最重点課題になっておりますからには、一層のことであります。鈴木さんが日揮の代表者として、私のところを始め、当社の関係者をこまめに回られ、互いの考え方を明確に伝え合い、信頼関係を固めておられたのは、まさにエンジニアリング業界の王道を歩まれているからでありましょう。

東京電力は、昭和四十年代後半の福島第一原子力発電所・六号機の廃棄物処理施設の建設にあたり、エンジニアリング役務を日揮にお願いいたしました。以来、日揮はその卓越した技術力を生かされて福島第二、ならびに柏崎の原子力発電所における廃棄物処理関係施設の建設に携わり、今日の原子力分野におけるエンジニアリング会社としての重要な位置付けを築いてこられました。また、アメリカのNUS社と合弁で設立した原子力全般にわたるコンサルティング会社には、当社も一〇％資本参加し、当社の人材育成をはかっております。

――中文省略――

鈴木さんは、とりわけ穏やかで優しく、誠実そのもののお人柄でありました。人なかでも目立った行動はとられませんでした。寡黙な方でしたが、一緒にいると気持ちを落ち着かせてくれるお人でもありました。その鈴木さんと幽明境を異にすることになってしまいました。今は、ひたすらご冥福を祈るだけでございます。」

――

なお、平岩相談役は木川田社長より二代あと、六代目の東電社長に就任され、その後経団連会長という要職で、日本の財界を大いに牽引された。残念ながら、平岩相談役も二〇〇七年、幽明境を異にされた。

第9章　邂逅（かいこう）

オンフルールの閑日　（いずれの絵も油彩 15 号）

（一）ロスにて

一九六八年（昭和四十三年）の日米原子力協力協定の改正で、日本の電力会社及び動力炉開発事業団（動燃）は特殊核物質（濃縮ウラン、プルトニウム等）の核燃料を確保する事が出来るようになった。

このため、日本の電力会社は、天然ウランの濃縮を米国原子力委員会（ＵＳＡＥＣ）に依頼することが可能となり、日本エヌ・ユ・エス（ＪＡＮＵＳ）社は、原子力発電を計画している日本の全ての電力会社から、ＵＳＡＥＣとの「賃濃縮契約」に関するコンサルティング業務を受注した。（この件はすでに第8章でも述べている）

皮切りは、東京電力から一九六八年夏の依頼であった。ＵＳＡＥＣとのコンサルティング契約のサポートに、私は東京電力に加えて、関西電力、中部電力、九州電力、東北電力、中国電力、四国電力、電源開発株式会社の電力会社に関わった。

当時のＵＳＡＥＣは一官庁機関で「推進業務」と「規制業務」の相反する業務を遂行していた。米国内ではすでに機能の分割議論が盛んであったが、日本の電力各社がＵＳＡＥＣと賃濃縮契約を締結した時期は、二つの異なる機関に移行する前であった。

ちなみに、一九七四年（昭和四十九年）、遂に、米国議会は原子力の「推進」と「規制」を異なる機関に移行する事を決定した。

一年後に、ＵＳＡＥＣは米国原子力規制委員会（ＮＲＣ）と米国エネルギー研究開発管理局（ＥＲＤＡ）に移行した。その後、ＥＲＤＡは一九七七年十月一日に「米国エネルギー省」に吸収された。

日本の電力会社は、いずれもＵＳＡＥＣが提示した賃濃縮契約案の最終交渉のため、ワシントンに交渉団を派遣した。私は先に述べた八電力会社の交渉団に随行してワシントンに飛び、米国のＮＵＳ社の上級技師や弁護士と協力して、これらの業務を遂行した。

このなかで、一九七三年（昭和四十八年）晩秋、電源開発株式会社の賃濃縮契約交渉団に随行して、渡米した時のことである。

電源開発の交渉団員と私の五名は、良く晴れた羽田空港を飛び立ち、同日の朝に中継地点のロサンゼルス（ロス）空港に降り立った。

ロスの国際空港で入国審査を済ませた後、広い空港のロビーで、真っ先に新鮮な搾りたてのオレンジジュースを交渉団の皆さん方と口にして、果物の豊富なカリフォルニアに着いたという実感を味わった。

リムジンタクシーでダウンタウンに予約したホテルに向かって車を飛ばすと、ロスは相変わらずのスモッグで空気が汚れていて、いつも遠望していた「ウィルソン山」を見る事が出来なかった。

ウィルソン山天文台はロス市のパサデナ郊外にあるサン・ガブリエル山系の標高一七四二mのウィルソン山頂に置かれている。

この天文台は、米国内では有数な天文台であり、山頂はアメリカの中では最も大気が安定した場所と言われている。

スモッグの広がりは、せいぜい数百メートル以内の高度と言われているので、天文観測には支障はないとの事だった。

さて、第4章（二）「ハッブルの偉業」で述べたように、ウィルソン山天文台では偉大な天文学者、エドウィン・ハッブルが、一九一九年から一九五三年までの三十四年間、観測を続けた。ハッブルは一〇〇インチ（二・五メートル）のフッカー望遠鏡を使って宇宙を観測し続け、「我々の銀河系の外にも銀河が存在している」ことや、「宇宙はビッグバン以来、膨張し続けている」という大発見を一九二五年に発表した。

この事実を確認するため、天才アインシュタインは一九三一年ウィルソン山にいるハッブルを訪ねて、「宇宙は確かに膨張している事実」を確認している。

空港から約三十分程で、ロスのダウンタウンの中心にあるルネサンス風の「ビルトモア（The Biltmore）ホテル」に到着した。

早速、チェック・インを済ませ、リムジンでハリウッドのチャイニーズシアターやビバリーヒルズの高級住宅街を見て廻り、サンセット大通りの小ぎれいな喫茶店で一服した。

このとき、東京オリンピックへの無私の真心で貢献した「日系二世のフレッド・イサム・ワダ」が話題に上った。

終戦後の一九四八年（昭和二十三年）、敗戦国の日本とドイツはこの年のロンドンオリンピック大会に招待されなかった。このため、当時日本水泳連盟の会長だった田畑政治と米国の水泳代表チームのロバート・キッパス監督が協力して、ＧＨＱを説得して、翌年の一九四九年、ロスで開催される全米水泳選手権大会に日本の水泳選手団が出場することになった。

当時の米国では、太平洋戦争で多くの将兵を亡くしていたため、米国人の日本に対する国民感情は最悪の状態だった。

従って、ロスの市内のホテルに泊まることは大変危険であるとの配慮で、日系二世のイサム・ワダ氏が古橋廣之進、橋爪四郎等選手団六名及び随行員含め全員を自宅に招き、宿泊、食事、大会場への往復送迎等一切の費用を自己負担で面倒を見た。

かくして、全米水泳大会の初日に、一五〇〇メートル自由形予選で橋爪、古橋が次々と世界新記録を樹立した。翌日の表彰台を独占し、古橋が四〇〇メートル、八〇〇メートル、一六〇〇メートル自由形などで世界新記録を樹立して優勝、浜口喜博が二〇〇メートルで優勝、八〇〇メートルリレーでも優勝した。

翌日の米国の新聞の一面に、古橋を「フジヤマのトビウオ」と称賛した記事が出た。

この快挙以降、アメリカ人の日本人に対する態度が一八〇度変わったといわれている。

また、これがきっかけで、政治家の尾崎行雄、東大総長の南原繁、西武鉄道創業者の堤康次郎、日本画家の伊東深水等がワダ家を訪ねて、お礼と労いの言葉を残している。

その後、日本は、一九六四年（昭和三十九年）のオリンピック大会を東京で開催したいという意向を表明し、立候補した。

このため、ワダ夫妻は日本ＩＯＣの強い意向を受けて、一九五八年三月から一ケ月以上かけて、しかも一切自費で南米十ケ国のＩＯＣ委員を訪ねて廻り、東京招致への協力を依頼した。

一九五九年（昭和三十四年）五月二十六日、ミュンヘンでのＩＯＣ総会で、東京は五十八票中、過半数以上の三十四票を獲得して、見事一九六四年のオリンピック大会が東京に決まった。ワダ夫妻の日本への愛は誰よりも強いと、ロスでは話題になり、今でもロスの日系人の心のよりどころとなっている。

夕方、ホテルに一旦戻り、それぞれの部屋で小休止した後、今晩の夕食は「リトルトーキョー」の美味しい寿司屋に行くことにした。

小休止の後、一階に降りてフロント・カウンターで、トラベラーズチェックを現金に交換していると、ロビーの真ん中のソファーがある辺りから私のファーストネーム（茂美）を呼ぶ声がした。私のファーストネームを呼ぶ人は、決まって親しい米国人だが、日本人のアクセントで、しかも聞き覚えのある声がしたので、怪訝に思い振り返ると、なんと、そこに満面の笑みの親父が立っていた。

このような奇跡が、米国のロスで実際に起こり、日本人一同、大変驚いた。私は親父が北米大陸を旅行しているとは、寝耳に水だったし、親父もロスで息子に会えるとは、夢想だにしなかったに違いない。「これは、夢か幻か」と思い、父親に渡米の理由を尋ねた。

父親は兵庫県龍野市（現在、たつの市）神岡町で製麺製粉業を営んでいて、当時西播州地域の乾麺組合の理事長をしていた。長年にわたり北米産の小麦を輸入していた関係で、小麦の原産地への視察旅行が持ち上がり、総勢十八名の同業者を引率して二週間、物見遊山も兼ねてカナダやアメリカ中部の小麦の収穫状況の視察に来たとの事だった。

乾麺組合の視察団は、ロスの「ビルトモア・ホテル」が北米大陸での最後の一泊だったようで、昼間はロスやハリウッドを見物して、視察旅行の最後の晩餐をリトルトーキョーに予定していた。このため、丁度、彼らがホテルのロビーに集合していた時に、私はエレベーターから降りて、一階のホテルのカウンターで両替をしていた。「その時」に親父が私の後姿を見つけたわけである。

カナダでの小麦の収穫は、おおかた終わっていて、収穫した小麦はサイロに収納されていたようだが、生産者から、直接収穫状況について、詳しく話を聞くことが出来、視察団一行は視察が無事出来たと大満足だった。

しばらく、親父と立ち話をしていると、突然、高校同期の高田俊夫君が近寄って来た。これには、また、大変驚いた。彼とは高校卒業後初めての再会だった。

高校時代の高田君はテニス部に属し放課後は殆んど毎日テニスに明け暮れていた。大学卒業後は家業の「製函業」を継いでいた。

製函業者のお得意さんは、主に製麺会社である。このため、彼はお得意さんの視察団に特別参加していた。なお、大学卒業後、高田君は母校の龍野高校の同窓会でも活躍し、副会長の役職で、発展に尽力していた。

その夜、私は電源開発の皆さんを、リトルトーキョーの老舗寿司屋に案内した。寿司カウンターで「アメリカの寿司」を味わいながら、これからの旅程等について打ち合わせを行った。電源開発の皆さんに、ロスで寿司を食した感想を聞くと、東京、銀座の寿司と同じく大変美味しかったとの事だった。

夕食後、ビルトモア・ホテルに戻って、親父の部屋に高田君も呼んで、深夜まで談笑した。このような偶然は、一生に一度も無いのが当たり前で、滅多にない奇遇を祝福して、オンザロックで乾杯した。

その後、仕事で米国のロスに立ち寄る機会がある度に、ビルトモア・ホテルのバーに立ち寄って、往時を懐かしんだ。

今ではすでに親父も高田君も幽明境を異にしており、半世紀前の出来事となってしまった。

喫茶店の入口にて（水彩６号）

（二）香港にて

一九七三年（昭和四十八年）、ＪＡＮＵＳは電気事業連合会から、米国及び欧州、特に西ドイツの原子力発電の動向について、調査依頼を受けた。米国の原子力動向はＮＵＳが下請けし、欧州の場合は、スイスに事務所を構えたＮＵＳ欧州事務所のケーギー所長（W.R.Keagy）に下請けした。

ドイツの原子力動向はケーギー所長から、ＮＵＳ社の西ドイツにある子会社の「ＮＩＳ」（西ドイツ最大の電力会社であるＲＷＥの二つの子会社であるラメーヤ社とスメック社と米国ＮＵＳが三分の一ずつ出資して設立した）に再委託してもらった。

このため、一九七四年一月、ＮＵＳのチューリッヒ事務所のケーギー所長と、ＮＩＳ社を訪問して、業務内容の詳細を説明した。同時に、ケーギー所長に案内されて、チューリッヒに本社がある重電メーカーの「Asea Brown Boveri（ＡＢＢ、アセア・ブラウン・ボベリ）」も案内されて、欧州の原子力発電の動向について、見解を聞いた。

帰路はパンアメリカン航空（パンナム）の世界一周南廻りルートでバンコックに立ち寄り、タイ王国発電公社「Electricity Generating Authority of Thailand（＝ＥＧＡＴ）を訪ねることにした。

フランクフルトからパリに飛び、日揮のパリ事務所に立ち寄り、ＥＧＡＴの原子力担当宛に電信を打った。内容は「ヨーロッパからの帰路にバンコックに立ち寄り、ＥＧＡＴを訪問し原子力発電所建設計画について、話を聞きたい」という趣旨である。

翌日、早速、ＥＧＡＴ原子力発電担当のＴ副社長から「喜んでお会いしたいので、お待ちしております。」と丁寧な返信があった。

初めての訪問にも拘わらず、Ｔ副社長から折り返し返信を頂いた。流石、欧米流のビジネスを熟知された対応であると感心した。

ＥＧＡＴは一九六九年五月一日に設立されたタイの唯一の電力公社である。本社はバンコック市と北側のノンタブリ県との境のチャオプラヤ川添いにあり、バンコック市の中心部から直線距離で十三キロメートル程あり、タクシーで、四十分程かかる。

タイ政府は、一九五四年にタイ原子力委員会を設立し、原子力政策を策定した。また、一九七四年四月に、タイ原子力委員会はＥＧＡＴに対し、原子力発電所の建設計画を前向きに進める事を承認した。

このような状況下で、私は一九七四年（昭和四十九年）一月十六日、ＥＧＡＴ本社を訪問した。タクシーを下りた時は、大きな煙突がある火力発電所が眼前に迫ったので、ここがＥＧＡＴ本社かと不思議な気分だった。

ＥＧＡＴの本社は二階建ての建物で、飾り気のない発電事業に特化した実務的な建物だった。

早速、Ｔ副社長とＭ原子力部長のお出迎えを受け、応接間に通された。

しばらく雑談の後、日揮原子力グループ（日揮、ＮＵＳ及びＪＡＮＵＳ）の活動状況や実績等について説明した。また、ＥＧＡＴからは、タイの原子力発電所建設計画等今後の方針について話を聞いた。初対面だったが、大変有意義な会合だった。

次回の訪問時には、日揮グループがＥＧＡＴに何が出来るか、検討して、ＥＧＡＴの現状を踏まえたプロポーザルを作成し、出来るだけ近い将来、再度ＥＧＡＴを訪問することにした。

会談後、ホテルまで、Ｔ副社長の車を使わせて頂いた。

その夜は、Ｍ原子力部長の案内で、バンコックの米海軍将校クラブに案内された。アメリカの海軍将校クラブへは、特別許可証を持っているタイ人とその同伴者のみ出入りが許されていた。

Ｍ原子力部長は勝手知ったるクラブのようで、多くの米海軍将校達に気軽に挨拶をしていた。この米海軍将校クラブは、東南アジアの喧騒から一気に保養地に飛んだ感じの、静かで、安らぎを享受できるクラブであった。ちなみに、バックグラウンドの音楽は、確かベニーグッドマンスタイルのスウィング・ジャズが演奏されていたと記憶している。会食しながら、ＥＧＡＴの原子力発電所建設の取り組みについて、問題点も交えて、原子力発電を手掛ける後発組の悩みなど色々と話を聞く事が出来た。

翌日早朝、再びＭ原子力部長は、宿泊先の Dusit Thani ホテルへ迎えに来られ、バンコックの名物である「水上朝市」に案内された。

水上朝市は、果物を山と乗せた小舟や小魚を一杯のせた小舟、また、穀物を一杯乗せた小舟など多くの小舟が運河に所狭しと並び、上手に舟を操る様は、まさに見ごたえのあるバンコックの風物詩であった。

船着き場に行くと、早朝にも拘わらず、すでに、多くの見物客が列を作って並んでいたが、Ｍ部長は、何食わぬ顔をして、つかつかと船着き場の先頭に行き、高級公務員のパスを見せると、たちまち我々は先頭の客になり、最初に出発する舟に案内され、水上朝市に向かった。

日本では、経験した事がなかったので、並んでいた先客達に何とも申し訳ない気持ちで一杯だった。

ＥＧＡＴのＭ原子力部長には、初対面にも拘わらず、大変お世話になった。一般的にタイの人は、日本人に対して親しみ深い人が多く、とても親切だと聞いていたが、大いなる歓迎を受け、感謝の気持ちで一杯だった。

なお、すでに、米国のエンジニアリング会社の最大手のBechtelやEBASCO、Ｂ＆Ｒ等がフィージビリティ・スタディの売り込みに来ていた。

日揮グループがＥＧＡＴの原子力発電の計画段階で、どのようなコンサルティング業務が提供出来るか、三通りのプロポーザルを作成し、同年（一九七四年）二月十一日再びＥＧＡＴを訪問した。

今回は事務的な打ち合わせに終始して、今後、原子力発電プロジェクトが具体化する場合は、ＮＵＳの技師も交えて打ち合わせをする事を約束して、ＥＧＡＴを後にした。

帰路、パンアメリカン航空（パンナム）のチェック・インカウンターでの搭乗手続きのため、二月十三日の午後、バンコック国際空港に到着すると、当日南廻りのパンナム機の出発時刻が約二時間以上遅れていると告げられた。

世界一周路線は往々にしてこの様な事態になると承知していたが、仕方なく、チェック・インを済ませ、ラウンジで待つことにした。その後、搭乗を済ませ飛行機が離陸したのは、約三時間も遅れていた。このため、羽田空港に到着制限時間を大幅にオーバーしてしまい、パンナム機は香港止まりとなった。香港での宿泊費用の全てはパンナム航空負担で、同社指定のインターコンチネンタルホテルにチェック・インした。

香港の二月の夜の気温は、やや寒いが、薄手のコートを羽織れば、気持ちよく散策出来る気温だった。

少し夜の風にあたりたく、夜中にぶらりと散歩に出かけ、ホテルから十分程歩いて、交差点に差し掛かった。人通りが少なくなった交差点の横断歩道の中程で、知った顔とすれ違った。向こうも同じく知った顔と感じたようで、お互い振り向いて、見直すと、龍野高校同期の大久保聡昭君だった。香港で、夜中の交差点の真ん中で、高校同期の大久保君に会うとは、まさに奇跡である。

お互いビックリして、最寄りのホテルのバーに行き、夜中の二時近くまで駄弁った。一九五三年（昭和二十八年）卒業以来、約二十年ぶりの再会だったので、積もる話に花が咲いた。

なお、大久保君は日本から香港経由で中国本土に飛ぶ予定で、今日香港に到着したとの事だった。当時の中国本土へは、香港経由が主たるルートで、東京から直接中国本土に行けな

家路 （中国・周庄、 水彩６号）

かった。

我々が、香港の街の道路の交差点で、すれ違った事は、なにか運命的な出会いだったとしか表現できぬ、不思議な縁を感じた。

高校時代の大久保君は、中山義範君や井垣隆夫君（天文部にも所属）と共に弁論部に所属していた。高校二年の終わり頃、生徒会長の選任が浮上して、中山君の説得で大久保君に立候補してもらい、中山君が選挙管理委員長になり、推薦して、選挙の結果、大久保君の生徒会長就任が決まった。

井垣君と私が入部していた天文部と新聞部は、龍野高校の一番奥の木造二階建ての「ボロ校舎」の一隅を衝立一つで仕切った部屋だった。そこに、大久保君がちょくちょく顔を出し、新聞部の久保吉正君、木南勝君も交え五人で駄弁ったものだった。

彼は、高校卒業後大阪外語大学中国語科を専攻して、伊藤萬株式会社の大阪本社に勤務して、中国担当の気鋭の商社マンとして活躍していた。

一九八五年（昭和六十年）三月、幹事役の渡邉喜一君の連絡で、関東在住の高校同期会を帝国劇場裏隣の二階にある中華料理店で執り行うことになり、出席すると大久保君も大阪から特別参加していた。大久保君とは香港での邂逅後、はや十一年も経過していた。

彼は、四月から伊藤萬の東京本社に転勤になる予定で、これからは皆さんとちょくちょく会えると言って、大いに駄弁った。そして、今年の忘年会には、大久保君が幹事役を引き受けると申し出た。現在、家族は大阪住まいなので、早急に家族を東京に呼び寄せると言っていた。来る十二月の忘年会での再会を約束して、別れた。

この年の八月十二日、「日本航空123便墜落事故」というトップニュースが夕方の茶の間に飛び込んできた。

この日、十八時十二分、羽田空港を離陸した123便は、群馬県多野郡上野村の高天原山（御巣鷹山）の尾根に十八時五十六分頃墜落した。死者五百二十人という大惨事である。

数日後、高校同期の連絡網で、大久保聡昭君が、この飛行機に乗っていて、死亡したという訃報が届いた。彼は、東京本社に単身赴任していて、大阪在住の家族のもとに帰るため日本航空123便に乗り、この惨事に遭遇した。生憎、彼の席は客室の最前部のボードの前の席だったようで、ご遺体の発見は困難を極めた。

毎年、八月の旧盆を迎える度に、一九七四年（昭和四十九年）二月、大久保君と真夜中の香港の街角の路上で邂逅したことが、昨日のごとく思い出される。

第10章　エモンズ（Emmons）先生

ヨセミテ渓谷
（水彩6号）

ブライス渓谷　（水彩 25 号）

一九六〇年（昭和三十五年）八月、京都大学は夏休みを利用して、研究用原子炉の設計建設プロジェクトに応札した十社から、各社のプロポーザルの内容説明を受けた。

浅野物産は、プロポーザルの説明に併せて、米国インターニュークリア社（ＩＮ社）の顧問であるミシガン大学エモンズ（A.H.Emmons）教授（博士、Ph.D.）を招き、ミシガン大学での研究用原子炉を使った最新研究動向と、米国原子力委員会の今後の方針等について講演を開催した。

私が最初にエモンズ教授にお会いしたのは、羽田空港に同教授をお迎えした時だった。第一印象は、とても気さくな優しい眼差しの先生で、ミシガン州アナーバーからの長旅の疲れも見せず、屈託なく話かけて下さった。

早速、皇居沿いのパレスホテルに案内し、その夜は、プロポーザルの説明準備のためすでに来日していたＩＮ社のルーシー上級技師（博士　Ph.D.）と私の上司である榊原課長の四人で、日本橋浜町の「天ぷら　花長」へ案内して、長旅をねぎらった。

なお、この店は、一八八七年（明治二十年）創業の、お座敷天ぷらで有名な店で、移動式円形カウンター席に座り、目の前で天ぷらを揚げて供する店である。かの有名な喜劇王のチャーリー・チャップリンが来日する度に、ここへ足を運んで、大好物のえびの天ぷらを三十六本完食したという逸話で有名である。

京都大学でのエモンズ教授の講演会は、活発な質疑応答を入れて、一時間半にもなった。講演の内容は、米国の大学の研究動向の解説に加えて、研究用原子炉の広範囲に及ぶサンプル照射の設計上の注意事項や米国原子力委員会の濃縮ウランに関する指針等にも及び、京都大学の先生方にとって、とても有益な講演だったと好評を頂いた。

その夜は、北野天満宮近くにある上七軒の「藤本」にエモンズ教授とルーシー上級技師を案内した。

上七軒は室町時代に北野天満宮の再建の際に残った資材を使って七軒の茶店を建てたのが始まりで、京都では最も古い花街である。

京都上七軒の芸妓さん達は、片言英語で上手にお座敷芸を見せてくれたので、二人の外人さんは、京都流のおもてなしに「度肝を抜かれた」ようで、時間の経過も忘れて、京都の夜を楽しんでもらった。

この京都流の「おもてなし」は、強く印象に残ったようで、チャンスがあれば、次回はご夫人同伴での宴席を所望された。私は快諾し、再度京都に来て頂くためには、京大研究用原子炉プロジェクトの受注が不可欠であるので、最大の協力を依頼した。

結果は、第7章（一）、（二）で述べたように、浅野物産グループは京大研究用原子炉プロジェクトの契約先に選ばれ、契約後、一九六一年十月に米国セントルイス郊外のＩＮ社で、原子炉の基本条件確定会議（Scoping Meeting）を行った。

この時が二度目にエモンズ教授（以後、先生と呼称する）にお会いした時である。

エモンズ先生は、十月六日（金）の午後、「Scoping Meeting」に参加されて、約一時間、ミシガン大学のフォード原子炉の付属設備の「フェニクス記念研究所」での各種照射実験の研究成果等について、話をされた。

ちなみに、エモンズ先生は、ミーティング当日の朝、ミシガン大学があるアナーバーから、ご自身の操縦で、一人セスナ機に乗り八〇〇キロメートルの距離を約一時間半かけて、セントルイス国際空港に到着し、空港からレンタカーでＩＮ社に来られたとのことだった。これを聞いた我々日本人一同は大変驚いた。このような移動手段は、米国ではよくあることのようで、若い時に飛行機の操縦免許を取得して、旅をしている人が多いとの事だった。

なお、エモンズ先生はミシガン大学での研究に加え、セントルイスから西方一八〇キロメートルほどにある「ミズーリ大学」でも講座を持ち、その上ミズーリ大学研究用原子炉の建設計画の責任者を兼務されていた。このため、週に一度は、セスナ機でこの両大学を往復しているとのことだった。

なお、ミズーリ大学の建設計画中の研究用原子炉は、熱出力五千キロワットであるが、完成して数年経つと一万キロワットまで熱出力を上昇する計画との事だった。

また、米国内で開催される原子力学会や講演会にも、遠距離の場合は、セスナ機を操縦して移動するとの事だった。流石、米国は北米大陸の東端から西の端にまたがった大陸が領土だからこそ、このような移動手段が、必要なわけである。

さて、エモンズ先生がＩＮ社にこられ、講演された夜に、ＩＮ社のウィドウス社長宅で、我々日本人の歓迎パーティーが開催された。

パーティーには、ＩＮ社の副社長、上級技師、京大プロジェクトに携わっている技師達も交え、楽しいホームパーティーとなった。

三度目にエモンズ先生にお会いしたのは、ＩＮ社での Scoping Meeting 後、我々日本人がミシガン大学の〝フォード原子炉〟と〝フェニクス記念研究所〟を見学した時である。それは、一九六一年十月十九日のことだった。

エモンズ先生のご案内で、フォード原子炉と付属の研究所の見学が終わり、三々五々雑談をしていたとき、エモンズ先生は私を呼んで、中庭を散策した。私は、京大炉プロジェクトの遂行に目途がついたら、ミシガン大学に来て、さらに勉強してみる気はないかと、お誘いを受けた。

突然のお誘いで、びっくりしたが、エモンズ先生は、さらに勉学したい意欲があれば、ミシガン大学への入学推薦をすると、耳元でそっと、ささやかれた。

これは、またとない機会を提案して頂いたと思ったが、京大研究用原子炉の設計建設プロジェクトを放り出す事は出来ないので、その場では謝意を伝え、京大研究用原子炉プロジェクトの終了後に、改めて、この件について相談したい旨、エモンズ先生に伝えた。

四度目にエモンズ先生にお会いしたのは、三年後の一九六四年（昭和三十九年）六月、京大研究用原子炉の建設工事が終了し、原子炉プールに水張りも完了して、これから原子炉に核燃料を装填して臨界状態へと出力上昇試験をする時である。

このため、エモンズ先生はＩＮ社から派遣され、大阪府泉南郡熊取の建設現場に来られた。

この時は美しいベス（Beth）夫人を同伴しての来日だった。

この場合は、京大炉の出力上昇試験、即ち、臨界から千キロワットまで、各種テストをしながらとなるので、一ケ月程の滞在となった。

エモンズ先生夫妻にはＩＮ社のクライン（S. H. Klein）ＰＭ（プロジェクト・マネージャー）の家族が住んでいる神戸の外国人居住エリア近くのホテルに投宿してもらった。

このため、エモンズ先生とクラインＰＭは毎日、同じ国鉄阪和線に乗り、熊取駅まで通ってもらった。

臨界後の各種出力上昇試験や、契約上の連続テストを無事終えて、京大は完成記念式典とパーティーを開催した。このパーティーは、米国ＩＮ社から派遣されたクライン技師とエモンズ先生の送別会も兼ねていた。

私は翌日、エモンズ夫妻を京都にお連れして、緑豊かな東山にある「都ホテル」に投宿した。

夏の京都は殊の外暑いので、昼間の京見物は、出来るだけ避けて、三年前の約束通り、その夜は上七軒の茶屋「藤本」にお連れして、労をねぎらった。

上七軒の芸妓さん達は、片言英語で遊びの手ほどきをして、すっかりエモンズ夫人を京好みに仕立て上げた。

翌日、エモンズ夫妻と伊丹空港でお別れした時、上七軒でのひと時が、日本で一番印象深い思い出となったようで、何回も謝意を繰り返された。

私は、伊丹空港から、熊取の建設現場事務所にもどり、閉鎖のための諸手続き作業を行った。

なお、エモンズ先生夫妻は、伊丹空港から羽田空港に到着後、浅野物産の原子力部社員の案内で、二日間程東京見物をされ、思い出多い日本の旅を終えられた。

五度目に、エモンズ先生にお会いしたのは、一九七五年（昭和五十年）の秋、ワシントンD.C.にあるNUS社との打ち合せで渡米した時で、エモンズ先生とはセントルイス空港で落ち合った。

エモンズ先生には、ミズーリ州コロンビア市にあるコロンビア・ローカル空港から、例によって、ご自身の操縦で、セントルイス国際空港に、私を迎えに来て頂いた。

初めて、先生の操縦でセスナ機に搭乗するので、私は緊張気味だった。

私のシートは操縦席の真後で、固くベルトを締めて、滑走路に向かった。

当日の天気は、快晴で無風状態だったので、快適な飛行状態だった。ミズーリ大学があるコロンビア市まで、約一八〇キロメートルを四十分程かけて飛行する予定で、セスナ機は軽くエンジン音を立てて、スムーズに滑走路を飛び立った。

エモンズ先生の操縦は、ベテランの域を出ていて、初めて搭乗した私にも、安心感を与えた操縦だった。空から、悠々と流れるミシシッピの大河を眼下にして、機首を真西に向けながら、上昇した。

ミズーリ州コロンビア市は、北米大陸のちょうど真ん中あたりにあり、美しい田園風景が広がっていた。

眼下の風景を楽しんでいた時、突然、エモンズ先生は「今から宙返りをする」とおっしゃった。「ベルトを体に固く装着しているように」と、マイクロホンで先生が呼びかけるや否や、宙返りが始まった。

これには、すっかり度胆を抜かれた。急にエンジン音が激しくうなり出し、急角度で上昇し、体が押さえつけられ、天地がひっくり返り、下降時は一瞬無重力状態を体感した。これは、初めての体験だった。

エモンズ先生の家族は、ミズーリ大学キャンパス内の副学長官舎に住まわれており、アメリカのコロニアル風のゆったりとした間取りで、確か、二階建てで、七ＬＤＫの官舎だった。

ベス夫人は温かい歓迎の言葉と京都での「おもてなし」のお礼を申された。

ベス夫人はエモンズ先生に、「早速、宙返りをして、Mori-San を驚かしたのね？」と問いかけ、私には「夫が初めてセスナ機に乗せた友人は、皆、宙返りの洗礼を受けているの」と、お詫びする仕草で話された。

どうやら、エモンズ先生は初めてセスナ機に乗せたお客を、宙返りして、驚かす癖があるようである。

エモンズ家は、七人家族で、五人の子供たちの内、両親と一緒に家にいるのは女の子のウェンディだけで、他の兄姉の四人は、他州の上級学校に通うため、不在だった。

このとき、エモンズ家に三泊お世話になった。

先にも述べたように、エモンズ先生は一九六〇年代の初めに、ミズーリ大学の研究用原子炉（University of Missouri Research Reactor Center ＝ＭＵＲＲ）建設の大学側の責任者として、週の大半をコロンビアで過ごされていたので、必然的に大学の官舎住まいとなっていた。

しかし、その当時でも、週に一度のペースで、ミシガン大学にセスナ機で通っておられた。

余談だが、ミズーリ大学の研究用原子炉（ＭＵＲＲ）の設計建設にあたって、エモンズ先生は、予備設計、引合仕様書並びに基本設計の援助契約を、ＩＮ社（京大研究用原子炉の設計建設の場合、浅野物産と共同主契約社）に依頼された。

また、ＵＳＡＥＣへの安全審査に必要な申請書の作成と許可の取得援助に関してもＩＮ社を起用された。

ＭＵＲＲの設計建設に当たって、ミズーリ大学は、原子炉系一式をＧＥに、建築関係をミシガン州の建築会社に発注している。

原子炉はスイミングプール、タンク型で、ウラン九三％高濃縮燃料を使用し、一九六六年十月、熱出力五千キロワットで運転開始した（ちなみに、京大研究用原子炉は、一九六四年八月に熱出力千キロワットで運転開始した）。

そして、ＭＵＲＲは、四年後の一九七〇年に二倍の一万キロワットに出力アップした。この熱出力は米国の大学では最高出力を保持した研究用原子炉で、米国規制委員会（ＵＳＮＲＣ）から二〇三七年までの運転許可を取得している。

ＭＵＲＲは、一九七六年に乳がんの治療薬として放射性同位元素イリジウム（Ir）192を製造開始した。

その後、一九八〇年、骨がんや肝臓がん用の薬であるクアドラメット（Quadramet）の主成分である放射性同位元素サマリウム（Sm）153を製造開始し、ＦＤＡ（米国食品医薬品局）の認可を取得して、放射線治療に向けて大きく貢献している。

なお、ミズーリ大学の研究用原子炉および隣接している放射線研究所は、大学のキャンパス内にあり、本部から西南方向一マイル（一・六キロメートル）に位置する小高い丘にある。ここは、大変環境の良い静かな場所で、大学の十八ホールゴルフ場が西隣にあり、のどかなアメリカ中部の典型的な大学のキャンパスである。

アメリカ大陸の秋は、とても美しいシーズンで、キャンパス内の紅葉が最も美しい時期に、ミズーリ大学を訪ね、キャンパス内にある副学長官舎に三晩も泊めて頂いた。

そして、エモンズ先生ご夫妻にコロンビア市内を案内して頂き、書店に立ち寄ったり、末っ子のウェンディ嬢がアルバイトしていた洋菓子店に立ち寄って、ケーキを食べながら親しく歓談した。ベス夫人の腕によりをかけたご自慢の料理を頂きながら、親しくお話が出来たこと等も忘れがたく、米国の中部地方の素晴らしい秋を過ごすことが出来た。

コロンビアの地方空港で、ベス夫人に別れを告げ、ベテランのエモンズ先生の操縦で、セントルイス国際空港へ飛び立った。

ちなみに、エモンズ先生の操縦時間は、これまでに約五千五百時間以上に及んでいるとの事で、これは商用飛行機の操縦士を別にして、アマチュアパイロットとしては、かなりの操縦経験者と思われる。

なお、エモンズ先生にミシガン大学でお会いした一九六一年十月に、ミシガン大学で更なる勉強をしてはと、お誘いを受けたが、すでに十数年経った今となっては、米国の大学へ留学するという意欲は失せていた。

その後、姉の息子の新吾がアメリカで勉強したいという話になり、早速エモンズ先生にお願いして、甥は一九七七年（昭和五十二年）ミズーリ大学の大学院へ入学した。

新吾甥も私同様に、エモンズ先生及びその家族と親しくお付き合い願い、ミズーリ大学で、有意義な学生生活を過ごしたとの事だった。

ちなみに、新吾甥はその後、南カリフォルニア大学の博士課程に進学して、博士（Ph.D.）を取得して、米国のモトローラ社に就職した。

なお、南カリフォルニア大学はカリフォルニア州で最も古い総合大学であり、全米屈指の名門校で、私立大学のデューク大学、スタンフォード大学などと共に、もう一つの「アイビーリーグ校」に数えられている。また、現在までに、ノーベル賞受賞者十名が輩出しており、日本人では三木武夫や安倍晋三両首相が短期間在学した。

六度目に、エモンズ先生にお会いしたのは、一九八六年（昭和六十一年）晩秋の土曜日だった。

二年前の一九八四年五月、エモンズ先生はミズーリ大学を退職され、アリゾナ州サンシティ（Sun City）に移住されていた。

サンシティは一九六〇年、アリゾナ州の州都であるフェニクス（Phoenix）市から約十六〜十七マイル（約二六キロメートル）北西の砂漠の真ん中に人為的に作られた街で、五十五歳以上の高齢者の居住エリアで、病院、教会、図書館、ショッピングセンター、テニスコート、ボウリング場、ゴルフ場、スポーツ公園等を備えている。

また、これらの施設には、多くの高齢者が働いており、人口三〜四万人の快適な街となっている。

フェニクス・スカイ・ハーバー国際空港で、顔に満面の笑みを浮かべ出迎えて頂いた初老のエモンズ先生の優しさに、頭が下がる思いだった。

フェニクスから一路サンシティに向かった車窓に晩秋の夕日が照り付け、先生の日焼けされた顔を一層赤く照り返していた。その夜はベス夫人の美味しい家庭料理で久しぶりの再会を祝した。

ベス夫人は、敬虔なクリスチャンなので、よほどの事がない限り、日曜日の礼拝を欠かしたことが無い。エモンズ先生とゴルフをご一緒する予定だったが、先生はお茶目な眼で私を眺め、「この日のゴルフ・プレーは"Rain Check"（次の機会へ延期する）にしよう」と言って、私を誘って教会に行くことになった。

エモンズ先生の紹介で、「西サンシティ教会」の牧師に挨拶を交し、礼拝堂の最前列の中央の席に座った。

牧師は礼拝を始める前に、参列者に向かって私を紹介され、「今日ははるばる日本からエモンズ夫妻の友人であるMr.Morikawaが特別に参加している。心から歓迎する」旨のスピーチを終えて、礼拝が始まった。

牧師の説教と讃美歌が終わり、教会の外に出ると、何とも言えないすがすがしい気分になった。プロテスタントの教会で、滅多に讃美歌を聴くことがなかった私としては、日曜日の礼拝は、人の心を癒し、リセットする最適な方法の一つであると痛感した。確かに病みつきになるのも、もっともである。

昼食は親しい十五名程の老紳士淑女が牧師さんを囲んでの会食となり、私は今日の主客として牧師の隣に座らされた。

集まった老夫婦達は、日本に対する関心が大いにあり、食事中、日本のカルチャーについて、色々と質問攻めにあった。流石、サンシティの住民だけあって、皆さん教養の高い人々が多く、リタイア後の第二の生活をエンジョイしておられた。

今回は、エモンズ邸に二晩御厄介になり、アメリカ人の老後の生活の一端を見た思いだった。

帰路は、グランド・キャニオン国立公園の玄関口で有名なフェニクス・スカイ・ハーバー国際空港まで、今回は「自家用車」で送迎してもらった。

「Rein Check」のゴルフプレイは、次回、サンシテイに立ち寄ったときにご一緒しようと、約束をして、空港を後にした。


二〇一三年（平成二十五年）八月、悲報が届いた。

エモンズ先生が、二〇一三年七月十三日、終の棲家となったサンシティで八十九歳の生涯を閉じられた。追悼式典は例の「西サンシティ教会」で執り行われ、多数の参列者が来られ、エモンズ先生にお別れを述べ、先生の功績を讃えたとの事だった。

一九六〇年（昭和三十五年）八月、羽田で初めてエモンズ先生にお会いしてから、今年ではや六十四年も過ぎた。その間の数々の出来事を思い出し、まさに感無量である。

いまだに、日本に行くから会いたいと、エモンズ先生から連絡が来るような、錯覚に囚われる。

なお、ミズーリ大学でも追悼式が執り行われ、エモンズ教授の写真入りのプラーク（Plaque）が、ミズーリ大学研究用原子炉の壁面に飾られ、その偉大な功績が讃えられた。

エモンズ先生とは、半世紀以上にわたって、家族も含めて親しくお付き合いをさせて頂いた。決して忘れることが出来ない、かけがえのない経験であった。

私の人生で、エモンズ先生は、生涯で出会った友人のなかでも、とびぬけて信頼できる関係を築くことが出来、米国の友人の中で、最も親しい友人だった。

第11章　絵を趣味として

利尻富士（水彩６号）

（一）絵の鑑賞

私の絵画鑑賞の始まりは、第5章「戦災を免れた大原美術館」で述べた通り、一九五一年（昭和二十六年）春、高校美術部顧問の稲垣万次郎先生に引率され、初めて倉敷の大原美術館を訪問した時である。

その後、今日まで国内外の美術館、特別展示、企画展、個展等で多くの絵画を鑑賞する機会があった。

これら多くの絵画展の中で、特に印象に残った絵画展を敢えて選ぶとすれば、次の二つである。

①ポール・セザンヌの大規模回顧展の鑑賞

この大規模回顧展は、一八九五年（セザンヌが五十六歳の時）に美術商のアンブロワーズ・ヴォラールの画廊でのセザンヌの初個展から百周年を記念して開催されたものである。

三か所の巡回展で、最初は一九九五年、パリのグラン・パレでの開催、次にイギリスのテート・ギャラリーでの開催を終えて、最後は一九九六年五月三十日から八月十八日までの六十日間、米国のフィラデルフィア美術館で開催され、全世界から集められたセザンヌの作品二百二十点以上（このうち油彩画は約百点）を世界各国の美術館から借り受けて展示したものである。

私は、一九九六年七月にフィラデルフィア美術館で鑑賞した。

フィラデルフィア美術館は多くの展示室があるのを組み替えて、大規模回顧展に備えた。ちょうど夏休み期間と重なっているので、全米の各州からの予約が殺到し、入場券の入手が大変困難だった。

セザンヌの作品で、目玉となる油彩画の「大水浴」（キャンバスの幅二〇八センチメートル×縦二四九センチメートル＋堅牢な額縁）は展示会場の出口近くに飾られていた。この作品はフランスのエクサン・プロヴァンス（エクス）の北の外れにあるセザンヌのアトリエで制作されたもので、セザンヌが描いた作品のなかで最大のものである。

この「大水浴画」はキャンバスの中心に向かって、両側から木々がアーチ状にたわんで描かれていて、この木々が前景の人物群を際立たせている。

色彩は明るいブルーの空に対比して十四人程の人物は黄色がかった茶色で描かれており、調和のとれた油彩に仕上げられていた。

この絵はフィラデルフィア美術館の所蔵品で、この「大水浴画」を鑑賞するため、一九八五年頃ワシントンからAmtrak（全米鉄道旅客公社）でフィラデルフィアまで行き、フィラデルフィア美術館を訪ねたことがある。

セザンヌは、この作品をフランスのエクスのアトリエから搬入出するための幅五〇センチメートル程のスリット（隙間）を部屋の角に設け、重機を使って搬入出した。

今回の大規模回顧展の展示方法は、①一八六〇年代初期作品、②七〇年代印象主義、③八〇年代から九〇年代、④晩年、⑤風景画、⑥肖像画、⑦水彩画、⑧ドローイングに分類して展示された。

なお、「風景画」の展示室の中央には「サント・ヴィクトワール山」の特別コーナーが設けられていた。ここには、十一点の大作の油彩画を含めた三十点程、サント・ヴィクトワール山の遠景を描いた作品が展示されていた。

この特別コーナーに一歩足を踏み入れると、サント・ヴィクトワール山と対峙した別世界に引き入れられたようで、鑑賞者の心を奪う迫力があった。

エクスの郊外のセザンヌのアトリエからローヴの道を上り高台に出ると、美しいサント・ヴィクトワール山の四季折々の景色が観賞できる。これらの作品は、セザンヌがここにイーゼルを立て、キャンバスに向かったことを伝えている。

一九〇六年セザンヌがアトリエから庭を眺めて描いた「レ・ローヴの庭」(油彩画、キャンバス横六五・五×縦八一・三センチメートル)はセザンヌの最晩年の作品で、展示室の小部屋の中央に展示されていた。

この作品はワシントンのフィリップス・コレクションから借りだしたもので、私がワシントン郊外に滞在した頃は、フィリップス・コレクションを訪問して、何回か鑑賞した。

この「レ・ローヴの庭」の油彩の塗り方は、水彩画のように、わざと余白や塗り残しがある作品に仕上げられていた。

この作品は前景に庭、中景は眼下の街並み、そして遠景の街の風景と描かれているが、遠近法での塗り方ではなく、キャンバス内は縦方向に強弱をつけずに、切れ目なく繋がった筆致で描かれ、まるで色の旋律のような荘厳さを表現した作品であった。

セザンヌは、自然を「円形」、「球」、「円錐」による構成で扱って描く、と述べており、特に最晩年の作品にこのような考えが反映されている。

「レ・ローブの庭」、セザンヌ、1906 年、油彩、65.5 × 81.3cm
The Phillips Collection, Washington D.C.

この絵を見ていると、セザンヌが後期印象派と言われた作風から、次第に初期のキュビスムへと変化した過程がよく読み取れる。

ピカソは、セザンヌ没後に最晩年の作品一枚を買って、自身のアトリエにそのセザンヌの作品を置いていたそうだ。スランプに落ちて絵が描けなくなった時、このセザンヌの一枚の絵を手にして、じっくり眺め、初心に帰って再び絵筆を手に取る事が出来たと述懐している。

かくして、セザンヌの大規模回顧展を鑑賞して、セザンヌの生涯の制作過程を辿る事が出来た。

彼の一八六〇年代初期の色彩と晩年の「色」とは大きな変化を見ることが出来る。すなわち、初期の作品に見られる色彩は、お世辞にも美しいとは言えないもので、薄暗い作品の力強さは感じ取れるものの、色は泥臭く、濁っていたが、パリに出て印象派の仲間達に会い、大きく影響を受けた頃から、明るい色調に変化してきた。

晩年のサント・ヴィクトワール山の風景画に至って、素晴らしく透明な色彩で描き上げられるようになった。これは、美しい色を美しく見せる隠し味が潜んでいるに違いない。

フィラデルフィアでのセザンヌの大規模回顧展を二回も鑑賞する事が出来、絵を趣味としている者にとって、絵描き冥利に尽きると言わざるを得ない。

②バーンズ・コレクションの鑑賞

バーンズ・コレクションは米国、ペンシルベニア州フィラデルフィア郊外のローワー・メリオンにあったバーンズ財団が所蔵する美術作品の美術館である。その後、フィラデルフィア中心部に新館を建て、二〇一二年に移設した。

バーンズ・コレクションは個人が収集し、財団が所蔵・管理している美術館としては世界最大規模で、近代絵画二千五百点以上を擁している。

この中には、ルノアール百八十一点、セザンヌ六十九点、マティス六十点、ピカソ四十六点他多くの印象画が含まれており、バーンズは米国でいち早く印象派の作品を評価して、多くの印象派の絵画を収集した。

実業家バーンズ氏（一八七二年〜一九五一年）は教育目的のために一九二二年（大正十一年）財団を創設して、母校のペンシルベニア大学と提携して、教育プログラムを実施した。最初は教育目的以外は非公開とされていたがバーンズ氏の死後十年程して、一般公開に踏み切った。

私は一九七〇年代から三回程フィラデルフィア郊外メリオンにあったバーンズ・コレクションを訪ね、時間の許す限り絵画鑑賞を楽しんだ。

それは他に類を見ない方法で展示されていた。

即ち、作者別でも年代別でもなく、各展示室に展示されている美術品・装飾品と共に色彩、構成、バランスを考慮して、二段掛け、三段掛けで展示されていた。従って、額縁の幅サイズは狭いものを使っていた。

このため、隣の絵との間隔も極端に狭く、学生がより多くの名画を鑑賞出来るよう配慮した結果であると言われている。

絵画のタイトルは、通例はそれぞれの絵の下部に表示されているが、ここでは、各展示室の入り口に置かれたホルダーに間取図があり、そこに記された番号順に「タイトル」が記載されていた。

従って、鑑賞している作者や題名が分からぬ場合は、展示室の入口まで戻って、題名を探し、記憶してその絵画を鑑賞するという展示方法だった。

バーンズ・コレクションは一般公開された後でも、教育的要素を色濃く残した美術館であった。しかも、ガラスの保護板がないので、間近で多くの名画を鑑賞出来た。

展示絵画のなかで、セザンヌの作品である「赤いヴェストの少年」（縦六十五・七センチメートル×横五四・七センチメートル）油彩画が大変印象に残った。

「赤いヴェストの少年」シリーズの傑作は四作品と言われていて、ここでは、その中でも一、二を争う傑作が飾られていた。

赤いヴェストを着た十四～五歳の少年の口は横真一文字に閉じて、前方のやや左を見つめている眼差しが絵に緊張感を与え素晴らしい作品に仕上げられていた。

この「赤いヴェストの少年」の傑作の残りの三作品は次の所蔵である。

赤い雨傘（水彩６号）

①　スイス、チューリッヒのビュールレ財団所蔵
②　ワシントンのナショナル・ギャラリー所蔵
③　個人所蔵

また、バーンズ・コレクションのセザンヌの所蔵作品で、「カード遊びをする人たち」油彩画（縦一三四センチメートル×横一八一・五センチメートル）は、三人のカード・プレーヤー、パイプを咥えて背後で見ている農夫、正面の後方で子供がそっと覗いている構図で、非の打ち所がない。いつまで見ていても見飽きぬ作品だった。

マチスの最高傑作の一つ「生きる喜び（Le Bonheur de vivre）」（縦一七五センチメートル×横二四一センチメートル）も見逃すことの出来ぬ傑作で、見ていてとても楽しい気分になる。

また、バーンズ・コレクションの壁面一杯にマチスの壁画が描かれていた。壁画を描くための習作（鉛筆画）も多く展示されていて、マチスが数多くの構図を検討していた形跡も鑑賞出来た。

ちなみに、一九九四年（平成六年）、バーンズ・コレクションの一部が上野の西洋美術館で公開されたとき最高七時間待ちで、期間中に百七万人以上の来館者を集めたと新聞で報じられていた。大混雑した環境での鑑賞では、落ち着いて好きな絵をじっくり鑑賞出来ぬし、これでは、くたびれるために展示会場に足を運んだようなものである。

日本では、米国のように、じっくり美術品を鑑賞出来るような環境を作り出すことが、いまだに出来ぬのは、情けない話である。

東京都美術館や国立新美術館にしても、然りで、折角の泰西名画をじっくり鑑賞出来る方法を工夫すべきである。

（二）　勝美会物語

油彩画を初めて描いたのは還暦を過ぎた六十代後半だった。油彩で風景画を描きたい思いは高校時代からの希望だったが、残念ながらその機会がなかった。

大学時代から六十代後半まで、半世紀に亘って全く絵筆を手にすることはなかった。

不思議なことに、絵を描きたいという意欲が自然と湧き上がってきたのは、六十七、八歳になってからで、残りの人生を趣味で過ごせるような人生にしたいと、真剣に考え始めた。

仕事の世界から趣味で生きる世界に切り替えて、趣味の世界に軟着陸するために、当時、流行のカルチャー教室を訪ねた。そして、「油彩による風景画を野外で描く講座」を探したが、意図する講座が見つからず、どうすべきか思案中に、大手の書店に立ち寄った。

大手書店の絵を描くための手引書コーナーで五十畑勝吉先生著の『油彩と水彩で風景画を描く――制作と技法』という書を見つけた。

この制作と技法書を手にとってページをめくってみると、掲載された五十畑先生の油彩画は一部を除いて、全てペインティングナイフで描かれていた。

従って、絵のマチエール（質感）は全く濁りがなく、美しい色調となり、力強いシャープな油彩画に仕上げられていた。その見事な筆力に圧倒された。

この本は技法書と銘打ってあるが、構図の取り方、色の塗り方、色調についての解説は全くなく、各ページには先生が現場で描かれた油彩画、または水彩画がページいっぱいに掲載されていた。

そして、隅の余白に鉛筆によるスケッチ画（構図）と短い説明が述べられていた。余白に書かれた「制作に当たっての心得」は次のような文言だった。

①キャンバスに木炭で描く
②全体の構成を考えながら線を引く
③必要な線を考えながら描き過ぎないように注意する
④現場ではおもにペインティングナイフで絵具をつけていく
⑤全体に構図をととのえていったら、細かい調子は筆を使って描いていく
⑥現場での時間がなかったら、細部は家に帰ってから仕上げる

これだけでは、初めて油彩で描く初心者の脳裏に多くの質問が浮かぶだけで、習得するには、かなりの時間が必要であると思った。

野外で絵を描く者にとって最も重要な心得は、この本の「風景との出会い」と銘打たれた巻頭言に述べられていた。

即ち、巻頭言の抜粋は…

「前文省略―――、

はじめての土地をスケッチするとき、地元の地理に詳しい方に案内して頂くことが多い。案内してくださる方は絵心のある方ばかりではない、むしろそうでない方が多い。また絵心があるからといって、私の描きたい風景と一致するわけではない。だから現地を訪れると、まず近くをゆっくり歩いたり、車で周辺を走ってもらう。そのうち、私の求めている風景が向こうから私の目に飛び込んで来る。「風景の方から描いてみたら」といっているかのようである。いつも不思議な感情になる。そこで私はスケッチブックを広げたり、キャンバスを立て、筆を持ち描き始める。

私は美術学校で学んだことがない。キャンバスを張ったり、絵具の使い方や、下地の塗り方など、絵の好きな仲間に教えてもらったり、技法書を読んだりして学んだものである。私の描き方は自分で考えたものである。

だが私は「偉大な先生」に出会ったことを幸せだと思っている。その先生とは、たえず向きあっている「自然」である。

中文省略――

絵を学ぶ場所は美しい自然に出会える「野外のアトリエ」であり、私の絵の先生は自然そのものである。自然から学ぶものの大きさがますます、大事だと思うようになっている。大事なことは感動することであり、心を開いて自然に向かえば、風景が優しく教えてくれるはずである」

――以上が巻頭言の抜粋である。

「絵を趣味として」残りの人生を生きたいと考えた初心者にとって、最初は指南役が必要である。

思い切って、一九九八年（平成十年）五月、出版元に電話して、五十畑先生の連絡先を聞き、先生に連絡した。

五十畑先生は優しい声で、「月二回、日曜日に〈風景画を現地で描く会［勝美会］〉という三十名程の絵画グループの顧問をしているので、勝美会の横山博昭会長に連絡して、入会の希望を述べるように」と丁寧に教えてくださった。

早速、横山会長に連絡して入会をお願いした結果、翌月から勝美会の皆さんと一緒に現場で描くことを提案され、お勧めに従った。

現地で絵を描くための道具一式（油絵具、溶き油、パレット、筆、筆洗壺、ペインティングナイフ、木炭、イーゼルと椅子、収納ケース、キャンバス、水筒等）を新宿の世界堂本店で買い揃え、翌月からの制作に意欲を燃やした。

かくして、週末に現地に行って風景画を描くことが可能になった。

「勝美会」は一九八五年（昭和六十年）四月に、神奈川県愛川町の中津川画廊で主催されていた「五十畑教室」に通っていた生徒達の発意で発足した。

名称は五十畑勝吉先生の「勝」を頂き、「勝美会」とした。そして、第一回勝美会展を同年の四月に愛川町文化会館で開催し、二〇二三年（令和五年）の現在、第三十九回勝美会展の開催を重ねてきた。

「勝美会」は主として厚木市を流れる相模川、中津川、丹沢連峰、大山、宮ケ瀬ダム、伊勢原市、秦野市、厚木市、海老名市等の現場へ年間スケジュールに従って、日曜日の早朝に、各自の車で直行した。

私は、相模川流域の河原や、土手の車溜まり等の土地は無案内なので、毎回横山会長の車に同乗させて頂き集合場所へ向かった。なお、毎回五十畑先生も横山会長の車に同乗された。当時の勝美会メンバーのほとんどが「日曜画家」で、ウィークデーの仕事で溜まったストレスを、週末に絵を描くことで解消していた。

以上のような経緯で、私の油彩画の初描きは、「伊勢原市の小高い公園」での写生で始まった。それは一九九八年（平成十年）七月の事だった。

小高い丘からの眺望は素晴らしく、眼下に田畑の畝のなかに集落が点在し、畝が縦横に交差して、遠くの大山と丹沢山塊が見事に縦構図の田園風景に緊張感を与えていて、美しい眺めだった。

会員の皆さんが、思い思いの場所にイーゼルを立て、描き始めても私はなかなか場所が定まらず、やっと遅れてイーゼルを立てた。

雄大な風景をどう十号のキャンバスに収めたらよいか、しばらく考え、描きたい対象物を限定した構図を木炭でデッサンし終えた時は、勝美会会員の皆さんのキャンバスは、すでに絵具で覆い尽くされていた。この早描きには、大きな驚きを持って、只々見入ってしまった。

そして、絵具をキャンバスに塗るため、絵筆が入ったビニール袋を一つ一つ切り離し、絵筆を手にして、油彩絵具を重ねようと試みれば試みるほど、あたかも「たわし」でキャンバスをこすったようになり、水彩絵の絵肌のようになった。

短時間でキャンバスに絵具を思い通りに塗り重ねるためには、どう塗ればよいか、そのノウハウを会得するための苦労が始まった。

仕方なく初日の午後は描くのを止めて皆さんの筆先を覗き見して過ごした。

かくして、初日が過ぎていった。

初参加で全く描けなかった悔しさより、満を持して趣味の世界へ踏み出した喜びの方が勝っていて、心の高ぶりを覚えた。


後日、自宅のアトリエでキャンバスに絵具の使い方を色々試みてみた。

私が買った初心者向けの油彩画セットには、豚毛筆四本とタヌキ毛筆二本が入っていた。

豚毛筆は硬い毛先なので、ごしごし荒い使い方をする強い弾力性の筆で、この筆でいくら重ね塗りを試みても、先にキャンバスに塗った絵具を掻き取るだけで重ね塗りは無理と分かった。

現場である程度（約八割）、油彩画を描き上げるためには、下絵が乾かぬうちに別の絵具を重ね塗りせねばならぬので、イタチ毛筆（特にシベリア産のテン）で先端が楕円形になった「フィルバート」を使って重ね塗りするか、ペインティング・ナイフで絵具を乗せて描く方法を見つけた。これは、大変大きな一歩となった。

勝美会では、年一、二回の一泊二日、または二泊三日の写生会を行うのが恒例だった。年頭の懇親会で、一年間のスケジュールを決めるのが慣例で、この年間スケジュールの内、一、二回が宿泊した写生会と予定されていて、どこに行くか、その場所決めが、楽しい宴席を一段と盛り立てた。

写生旅行には、国内写生旅行と海外写生旅行があり、多くの候補地のなかで、敢えて列記すれば、次のような場所である。

（AA）**国内写生旅行の場合**（大抵の場合、一～二泊した写生会）

大別して、①**山の風景を描く**、②**海の風景を描く**、及び③**街の風景を描く**場合がある。

①山の風景を描く場合

(A)田植え時の信州安曇野風景

水を張った田植え前の水田を前景に、中景を安曇野平野に点在する白壁の集落を入れ、遠景には美しい残雪の北アルプス連峰を入れた構図。

例えば、池田町立美術館（現在、北アルプス展望美術館）からの風景はその一例である。

(B)白馬三山風景

遠景に冠雪した白馬三山を入れ、中景に姫川に架かる大出の吊橋を描き、近景には九十度に折れ、手前に蛇行した土手を入れた構図。

この場所は誰もが一度は描きたい信州風景で、最も有名な場所の一つである。

(C)青鬼の棚田風景

この場所は写真家のメッカで、ＪＲ大糸線の白馬駅から丘陵を登っていった青鬼地区で、早朝から写真家が棚田の畦道に三脚を立て陣取っている。

遠景に残雪の白馬五竜を描き、中景の右に数軒の赤さびた屋根をいれ、近景には田植え前の棚田の水面に映えた五竜岳を入れた風景は、信州の風景では一、二を争う風景である。

（Ｄ）八ヶ岳風景

長野県野辺山高原に位置する川上村の広い稲田に耕運機を描き入れ、中景に二〜三塔の赤いサイロを据え、遠景に残雪の八ヶ岳連峰を描いた構図は、他に類を見ない程、雄大な風景である。この風景を高台の駐車場に百号キャンバスを横一列に十枚（一六二センチメートル×十枚）並べて描いている画家を見たが、八ヶ岳連峰の右端から左端まで入れた構図になり、その迫力に度胆を抜かれた思いだった。

また、一月の厳寒の早朝に、横山会長の自宅を出発して、八ヶ岳連峰の東に位置した川上村からの風景を描きに行った事がある。

遠景に真っ白な八ヶ岳連峰を描き、中景に雪で覆われた野辺山高原と赤いサイロを入れ、そして近景に凍てついた小川と柳の木を入れた構図は、まさに「八ヶ岳遠望の風景」である。

この時、エンジンを掛けっぱなしにして、描き始めて十五分程キャンバスに向かった後は、慌てて、駐めてある車へ乗り込み、冷え込んだ身体を温めて、また、キャンバスに向かって写生した。

水彩絵具は、早朝は絵具が凍り、描くことは全く出来なかったが、昼頃になって暖かくなってくると、なんとか描けるようになった。

（Ｅ）上高地周辺

飛騨山脈の谷間にあり、梓川に架かる河童橋を入れた穂高連峰の構図は一度は描いてみたくなる風景である。

また、梓川の蛇行した流れを入れ、遠景に焼岳を描いた構図も大変魅力的である。湿原の遠景に六百山を入れ、木々の間を流れる湿原の水面に映える枯れ木を入れた構図も捨てがたい風景である。

②　海の風景を描く場合

（Ａ）犬吠埼灯台風景

岩に砕けて高く飛散するしぶきを前景に描き、中景は白波が砕けた波濤をいれて、後方に半島から突き出た犬吠埼灯台を入れた風景。

（B）房総大原の八幡岬から俯瞰して、太平洋の波濤を描く風景

遠景と中景に隆起してシャープな面を見せる花崗岩台地を描き、近景は台地を削る波濤と砂浜を入れた風景。

（C）房総太海の風景

安井曾太郎画伯は八年間の滞在を切り上げ、フランスから日本に帰ってきた。外遊から帰国した画家の多くは、日本の風景が描けないスランプにおちいり、もう一度ヨーロッパに帰っていった画家も多かったという。安井曾太郎画伯も同じ病に侵され、十年間も長いスランプに陥った。

ある時、安井曾太郎画伯が外房の鴨川市太海の「江澤館」に逗留して眺めた「外房風景」は、それまでの気持ちと打って変わり、この風景を描きたいという意欲がふつふつと湧き出てきて、江澤館の二階から眺めた外房風景を油彩画で描き上げたことは、有名な話である。

（D）真鶴半島の漁港風景

真鶴半島の付け根には、半島をまたいで二つの漁港があるが、南側の福浦漁港より、北側の真鶴漁港の方が絵を描く者にとっては魅力的である。

特に、近景に屋根の色がとりどりの住居を入れ、中景に真鶴漁港を描き、遠景に遠くかすむ真鶴半島を入れた風景は、多くの名の知れた画家が好んで描いた構図である。

③ 街の風景を描く場合

（A）中山道の宿場町

中山道の宿場町と言えば、奈良井宿風景、木曽福島宿風景、馬籠宿風景などあるが、これらの宿場町は、何処を切り取っても絵になり、それぞれの宿の門前には行灯が並んでいて、電柱は埋設されて、古い街道が今に残っている。

特に、望月宿と芦田宿の間の宿である「茂田井間の宿」は、若山牧水がこよなく愛した宿場町で、酒を愛飲し、多くの歌を残している。坂のある中山道添いに軒を連ねた白壁の酒蔵が並んだ風景は、詩的で絵になる風景である。

（B）函館界隈

坂道の街、函館は絵を描く場所が随所にあり、どこでイーゼルを立てても、絵になる。

早春の時期、函館ハリストス正教会を眼下に俯瞰した構図として、遠景に函館湾とその奥の残雪の山並をいれた構図は特に美しい。

「八幡坂界隈」、八幡坂の突き当りから石畳の坂を見下ろし、遠景に係留された青函連絡船の摩周丸、対岸の山並に残雪がある風景。

函館の対岸の北斗市にある「トラピスト修道院」は女人禁制のカトリック修道院で、一八九六年（明治二十九年）、欧州とカナダから九人の修道士達がこの地を訪れ、日本最初の男子修道院を創設した。

樋口洋画伯（一九四二年～二〇二〇年）、元示現会理事長、元日展理事は、トラピスト修道院の冬景色を、正面の修道院に至る道の両側の杉並木を入れた構図で油彩百三十号の大作を描き上げている。

樋口洋画伯は、「絵描きの心得」を次のように述べている。

「感動する風景との出会いを信じながら、夢を追い、雪を追って冬の北海道　そして信州へ出かける。

雪の大地は悠遠であり、その中を行く自分はとても小さい、しかし無限の心を持っている。

起伏にとんだ地形は様々なドラマを発展させてくれる。

そんな風景が私の心の琴線にふれ合った時、生命観あふれた作品となって　生まれて来るのだと思う。」

三木露風（一八八九年～一九六四年）は、一九一六年（大正五年）～一九二四年（大正十三年）の八年間を文学講師として、トラピスト修道院に勤めた。

幼くして家庭の不和から、生母に去られ、子守りの姐やに心から懐いた露風は、故郷（兵庫県、揖保郡龍野町、現在のたつの市）を思慕して、「赤とんぼ」をこのトラピスト修道院で作詞し、一九二一年（大正十年）八月号の『樫の実』に発表した。

後日、「赤とんぼ」は山田耕筰によって作曲され、広く人口に膾炙したが、この歌が一般に歌われはじめたのは、作曲から二十数年後の一九四五年（昭和二十年）中ごろからで、すでに露風は髪に霜をおく年齢になっていた。

（ＢＢ）海外写生旅行の場合

野外で描く風景画の場合、画材や絵の道具一式を出来るだけコンパクトで持ちやすくして出掛けるが、海外での写生旅行の場合は、水彩道具一式を持って出掛けている。

油彩道具の「溶き油」と「筆洗液」は機内持ち込み禁止物品のため、布に包んでトランクに隠し入れても、X線検査で発見され、税関預かりの品目となる。

このため、油彩絵具を持って海外旅行する場合は、溶き油と筆洗油だけは旅先での調達となり、とても不便である。

勝美会は、一九九八年（平成十年）から二〇一二年（平成二十四年）までの十四年間にスペイン、イタリア、フランスへ、夫々一回ずつ、海外写生旅行を行った。

①二〇〇一年（平成十三年）三月：六日間の北スペイン写生旅行

カタルーニャ州の州都バルセロナから百キロメートル程北東にある中世の街、ジローナ（Girona）に宿を取り、ロマネスク風の教会や修道院の多い街で、教会を中景に、そして、遠景に冠雪したピレネー山脈を入れた絵を描いた。

また、ジローナから二〇キロメートル程北の中世の街ベサルー（Besalu）では、要塞化された石橋を前景に、古都の街並みを描いた。

この辺りは日本人がほとんど足を踏み入れない地方で、静かに古都の佇まいを残していた。

ベサルーから二五キロメートル程東方の地中海に面した海の町カレヤ・デ・パラフルゲルも海浜風景を描くには、素晴らしい場所である。

これらのスケッチ場所で、ベサルーの要塞化された石橋を入れた風景が最も印象に残った。

機会があれば何度でもここに来て、絵三昧の日を過ごしたい場所であった。

②二〇〇三年（平成十五年）十月：十日間のイタリア写生旅行

イタリアのヴェネツィア、ラベンナ、フィレンツェ、サン・ジミニャーノ、シエナ、アッシジ、ローマと専用バスで巡りながら、毎日がスケッチ三昧の日々だった。

特に、ヴェネツィア、フィレンツェ、シエナ、サン・ジミニャーノは、その後、絵の仲間達と複数回写生に訪れている。

そのなかでもヴェネツィアの水の風景が大好きで、最も多く訪れた場所である。特に、サンマルコ広場から見て、大運河の右向こう岸の「サルーテ教会」を大きく描き、その前面にゴンドラ数隻を入れた運河の風景は、他に例のない構図で、夢中でスケッチした。

なかでも、夕暮れ時の運河の佇まいは、言葉では言い表す事が出来ぬ景色で、日が沈んだ後も、その美しさに、立ち竦んでしまった。水面に映える風景は、ヴェネツィアのどの街のコーナーを切り取っても、絵になる風景である。

ヴェネツィアに来るたびに、東京藝大卒業後、一九七一年にイタリアに留学し、ヴェネツィアで「アフレスコ画（フレスコ画）」を学んだ絹谷幸二画伯（文化勲章受章）のＮＨＫのドキュメンタリー「ヴェネツィア青春の窓」を思い出す。

③ 二〇〇五年（平成十七年）五月：九日間のフランス・コートダジュール、プロヴァンスの写生旅行

フランスのニース、エズ、マントン、アンティープ、アヴィニョン、ルション、ゴルド、エクス・アン・プロヴァンス、マルセーユに、専用バスで訪ねて、絵描き三昧の日々を過ごした。

これだけの場所へバスで移動して、毎日絵を描いたが、宿泊は、ニースに二泊、アヴィニョンに三泊、マルセーユに二泊で済ませられた。

④ 勝美会での海外写生旅行での思い出話

その一　南仏ニースの五十畑先生の風景画を頂いたこと

ニース港の東方の外れの小高い丘から、手前にニース港、中景にニース海岸通り、遠景に西の端のアルプス連山を入れた風景を描いた。

運良く豪華客船がニース港に入ってきて停泊したので、絵として願ってもない構図となり、

思い思いの小高い丘から眼下に広がる南仏の風息を描いた。
午後三時には今日の写生を終え、五十畑先生から一人一人に今日の作品出来栄えの講評を頂いた。同じ場所で描いていても、人それぞれ絵に個性があるので、新しい発見の連続だった。

翌日の夕飯時に、昨日描かれた五十畑先生の「ニース風景画（水彩、六号）」を皆でくじ引きの上、頂くことになった。

今回の参加者は、先生を除き勝美会からの参加者十二名と一般参加者五名の十七名だった。今回初めて参加された一般参加者も含めての「くじ引き」となったので、私は、前回のイタリア写生旅行でも大変お世話になった添乗員のＭ女史も加えた十八名での「あみだくじ」を提案し、全員賛成の上、私が「あみだくじ表」を作った。

真っ先に横山会長から、くじ棒の上部に自分の名前を記入して、順番に「あみだくじ表」を廻した。私は最後に残った一本のくじ棒に名前を記した。

さて、誰が五十畑画伯の水彩画を引き当てるのか、全員が固唾をのんで見守っていると、なんと私が当たりくじを引き当てた。これには、私自身、大変驚いた。

私に幸運が舞い込んできたのは、Ｍ添乗員も入れた十八名の人数での「あみだくじ」を提案したのが原因ではないかと思った。この絵は、当時の写生会の記念品として、現在、私のアトリエに飾ってある。

その二　サント・ヴィクトワール山の写生

セザンヌのアトリエはエクスの郊外の小高い丘の上にあり、このアトリエの周辺から、サント・ヴィクトワール山、ジュールダンの小屋、大聖堂の尖塔、遠くエトワール山脈が見渡せる場所にある。

セザンヌは早朝の六時から十時半まで、アトリエで絵を描き、一度昼食時にエクスに戻り、午後は風景を描きに出かけたと言われている。

セザンヌのアトリエから少し登り切ったレ・ローヴの丘からは、サント・ヴィクトワール山が眺望出来た。

その丘には、小高い台座があり、周りを壁で囲み、セザンヌがここで描いた絵のレプリカ八枚が懸けてあった。

ここから見たサント・ヴィクトワール山（標高一〇一一メートル、全長一八キロメートルの石灰岩の山）は、特に美しく、絵を描くのを忘れて、しばし見とれていた。この場所からセザンヌが描いた同じ構図で、スケッチした。

セザンヌの傑作が生まれた場所に、やっと来れた幸せを噛みしめ、初めて大原美術館で、セザンヌの絵を見た頃を思い出し、感無量だった。

一日、エクスに戻り昼食をとり、午後はエクスの街を描く予定を変更して、サント・ヴィクトワール山の麓で描くことになった。

トロネ村外れの畦道迄行き、眼前に聳えているサント・ヴィクトワール山を描いた。長年にわたり夢見て来たサント・ヴィクトワール山の威容に、息を呑んだ。

五十畑先生が、入門書の巻頭言で述べておられた「ここを描けという風景からの叫び」とは、このような心境をいうのかと、ここに来て、分かったように思えた。

道端で無心で絵を描いているとき、妙齢の女子が独りでサント・ヴィクトワール山から下りて来た。よくみると東洋人なので、声を掛けると日本人だった。

彼女はフランス語の勉強のため、一年程エクスの学校に通っていて、今日は日曜日なので、女の友人と二人でサント・ヴィクトワール山を登る約束だったが、早朝にその友人から連絡があり、急に都合が悪くなって、一緒に登山が出来なくなった旨聞いて、仕方なく一人で頂上まで登って、今下山してきたとのことだった。

サント・ヴィクトワール山（油彩 30 号）

語学研修のため南仏にやってきて、まだ一年程しか経っていないのに、日本人女性が一人でサント・ヴィクトワール山を登り無事に下山した、その度胸に大変驚いた。そして、なんと勇気ある女子であることよと感心した。

脊柱管狭窄症と腰痛を患い、もはや重い油彩の道具一式を担いで、現地で絵を描く体力に限界が来たので、二〇一二年十二月に勝美会を退会した。

入会から、すでに十四年の歳月が過ぎていた。感無量である。

その後も、勝美会は横山会長のリーダーシップのもと現地で制作し、会員の切磋琢磨した結果を、毎年海老名市民ギャラリーで展示している。

二〇二三年（令和五年）で、すでに三十九回目の展示会の開催であった。

（三）高梨潔先生との出会い

高梨潔画伯に最初にお会いしたのは、二〇〇二年（平成十四年）七月、横浜JR関内駅前にあった「せんたあ画廊」で同先生の個展を拝見した時で、もう二十二年前のことになる。たまたま関内界隈の画廊をのぞきに出かけた時で、丁度同先生夫妻は在廊で、初対面の見知らぬ男（私）にも拘わらず、にこやかにお出迎えを頂いた。

せんたあ画廊に足を踏み入れると、百号の大作から十号程の小品迄、数多くの油彩画及び水彩画が飾られていた。油絵のいずれの作品も、今まで見たことのない力強さで、ナイフで描かれていた。また、マチエール（絵肌の調子）が素晴らしく、量感に満ち溢れた作品ばかりで、どの絵にも釘付けになった。

当時、高梨潔画伯は「太平洋美術会」の重鎮で、本部での活躍は勿論、神奈川支部の支部長として、後進の育成に尽力されていた。

太平洋美術会の前身は、一八八九年（明治二十二年）に小山正太郎、浅井忠等によって結成された日本初の洋画美術団体であった「明治美術会」で、その後一九〇二年（明治三十五年）に「太平洋画会」と改称し、さらに一九五七年（昭和三十二年）に「太平洋美術会」と名称を改め、今日に至っている。

高梨潔画伯は、銀座の画廊「ぎゃらりいサムホール」で、毎年個展を開催され、その上、隔年に横浜関内のせんたあ画廊でも個展を開催されていた。

また、毎年開催される太平洋展の審査や出品は勿論のこと、大平洋美術会本部に併設されている美術研究所での責任者として、多くの生徒を指導されていた。これらの活動に加えて、毎年開催される「横浜美術協会（通称、ハマ展）」や上野の森美術館の「写実画壇」等への出品に加えて、自宅での絵画教室で、多くの門下生を指導されるという、超多忙な毎日であった。

初めてせんたあ画廊でお目にかかり、ぶしつけにも、絵のご指導をお願いしたところ、快諾して頂き、後日、絵画教室のパンフレットを送って頂く事になった。

なお、前年の二〇〇一年（平成十三年）六月に発刊された『高梨潔画集』を買い、達筆なサインを頂いた。

その後、お約束した絵画教室のパンフレットが今日届くか、明日届くかと、鶴首の思いで待っていたが、遂に十一月下旬になっても、何のご連絡も頂けなかった。

しびれを切らし、その年の師走の初めに、高梨先生宅に電話した。案の定、超多忙の先生はすっかり約束を忘却されていた。しかし、その年の十二月最後の週の絵画教室を見学させていただくことになり、喜んでアトリエを訪ねた。

先生のアトリエは十畳を二つ繋いだ広さに、所狭しと、人形、静物、蓄音機、庭から切り取ってこられた生花等、数々の絵の題材が置かれていて、十名程の生徒が思い思いのスケッチや写真や生花を題材に、水彩または油彩を描いていた。

私が訪ねた月曜日の午後の教室は、満席状態だったが、少しずつ詰めれば、一名ぐらいは新たに入って描くことが出来たので、二〇〇三年（平成十五年）一月から、月曜日、午後の高梨教室に通うことになった。

一九九八年（平成十年）七月、「勝美会」（野外で油彩画を描くグループ）で、初めて油彩画を描いて、はや四年が過ぎていたこの時期に、運よく高梨先生にお会い出来、翌年から教えを受けることが出来た。

野外で、仲間と絵を描くのも楽しいひと時だったが、そろそろ本格的に油彩画を学びたいと考えていたので、高梨先生との出会いは、願ってもない幸運だった。

高梨教室での絵の勉強は、これ迄、野外で写生してきた事と全く雰囲気が違っていた。しかも、教室の時間は、野外と違って正味三時間程なので、終了時間が迫って来ると、描きかけのキャンバスや油彩道具を慌てて片付けねばならぬので、どの辺で筆を置けばよいか、計画的な区切り方を覚えた。

高梨先生の教え方は、描いている生徒の椅子に座り、無言で五分程生徒の絵に筆を入れる方法だった。一筆加筆されるだけで、元の絵が見違えるほど良くなり、絵に輝きを持った。「師の背中を見て学ぶ」とは、こういうことであったかと思い知った。そして、先生が加筆された個所を見て、その絵の急所に、どんな色を、どの程度重ねることで、絵に一層の輝きを増すことが出来るか、油絵具の本質を考えさせられた。

「梨の会展」は、高梨先生の門下生が、年一度、自作を発表する会であった。

全て絵の飾り付けが終わった後、先生の講評を聞いた。自分の絵に対するコメントだけでなく、すべての作品について、丁寧な講評なので、学ぶことが多かった。

一方、二〇〇五年（平成十七年）五月、高梨先生のお勧めで、第百一回太平洋展へ「子安運河」（百号、油彩）を出品して、初入選した。

子安運河は、京浜・鶴見地域の砂浜を埋め立て、運河を開拓して一大工業地帯を造成した旧浅野財閥の浅野総一郎の事業の一つである。

この子安運河の浜通りは、ずらりと舟屋が並び、運河には、穴子漁の漁船が所狭しと並んでおり、「まさに絵になる風景」である。

なお、本作品はじめ以後の太平洋展への出品作は本書のグラビアページに掲載している。


翌年の二〇〇六年（平成十八年）五月、「第百二回太平洋展」には「ヴェネツィア暮色」（百号、油彩）を出品して、入選した。

ちなみに、この年まで展示会場は上野の東京都美術館だった。

前年の秋にイタリアへ写生旅行し、帰国後、ヴェネツィアの細い奥まった運河の映り込みを百号のキャンバスに描いたものである。


六本木の東京大学生産技術研究所の跡地に黒川紀章の設計で、国立新美術館が建設され、二〇〇七年（平成十九年）一月に開館した。

従って、二〇〇七年（平成十九年）五月の「第百三回太平洋展」は、新たに開館した「国立新美術館」での展示となった。

黒川紀章が設計した国立新美術館の展示会場の天井は高く、柱が一本も無い設計だったので、どの様にもレイアウト出来、全く申し分のない展示会場だった。

従って、絵画、彫刻、版画、染織、書、写真等を擁する美術団体はじめ、多くの美術団体が国立新美術館での展示を希望した。

展示を希望する団体の資格審査の結果、日展始め、歴史ある太平洋美術会等の著名な会派が選ばれ、展示月日が確定し、毎年同月の展示となった。

新装なった国立新美術館での太平洋展へ「朝のヴェネツィア」（百号、油彩）を描き、出品して入選した。

二〇〇八年（平成二十年）五月の「第百四回太平洋展」も、ヴェネツィアの狭い運河を、器用にゴンドラを漕ぐ船頭を入れた構図の「ヴェネツィア」（百号、油彩）を描いた。四回目の出品作品で、会友に推薦された。

二〇〇九年（平成二十一年）一月、高梨潔先生が太平洋美術会会長に就任された。

高梨潔先生の会長就任は、鈴木克久前会長に続いて、神奈川支部出身母体の会長就任なので、神奈川支部一同心よりお祝い申し上げた。

伝統と進取の精神に則り、太平洋美術会を高梨新会長に大いに牽引して頂く事を誰もが期待していた矢先の五月六日、高梨先生は帰らぬ人となられた。

突然の訃報に接し言葉を失った。享年七十八歳の生涯だった。

この事は太平洋美術会のみならず、日本の美術界にとっても、大きな損失であり、まさに「巨星墜つ」であった。そして、日本の美術界の各位から多くの哀悼の意が寄せられた。

高梨潔先生に横浜関内の画廊で最初にお会いして、その後、二〇〇三年（平成十五年）一月から数えを受けて、六年間という短い期間の師弟関係であった。

高梨潔先生から「梨の会」や「太平洋美術会」へ毎年、新作を発表出来る場を提供して頂き、多くの絵の仲間と知り合い、毎月一回のペースでグループ展に出品出来、大変充実した歳月であった。現在もグループ展へ作品を出品している。


高梨潔先生とご一緒した日帰りスケッチ旅行や一泊写生旅行等、楽しかった思い出話の一端を次の通り述べると、

①「梨の会」の恒例の新年初描き親睦会

横浜ヨットハーバー、三浦半島の漁港、油壺マリンパーク、房総半島の漁港等での写生会が、毎年一月第一週の日曜日に企画された。

特に、印象に残ったのは、山下埠頭と本牧埠頭に囲まれた貯木場跡に、横浜ヨットクラブ

いざ出港（油彩30号）

があり、およそ百二十艘のヨットが、杭で櫛形に作られた桟橋の両側に係留されていた。

私は、二〇〇三年（平成十五年）一月の新年初描きに初参加した。初めて、ヨット風景を描き、無我夢中でスケッチした。

思い思いの場所を探し、板一枚の桟橋の下の水の揺らぎを感じながら、近景にヨット数艘、中景にヨットクラブの建物、遥か遠景にかすむ房総半島を入れた構図が面白く、今後は、このヨットハーバーを何回も訪ねて、描きたいと願った。

『高梨潔画集』にも、「ヨットハーバー」や「船だまり」として掲載されていた。ヨットを描きたいと思った時は、この画集から多くのヒントを頂いた。

誠に残念ながら、今では、この素晴らしいヨットハーバーが、横浜市の山下埠頭再開発事業のため、完全に撤去された。まことに、寂しい限りである。

② 太平洋神奈川支部の一泊二日の写生会

一泊二日の神奈川支部の写生会は、毎年秋の恒例行事となっていた。

行先は、真鶴半島、八ヶ岳連峰、信州清里高原、信州安曇野、または千葉の犬吠埼方面へ、往復バスによる写生会で、神奈川支部同人の親睦を大いに深めることが出来た。

例えば、私と柳川俊夫さん、希代貴子さんの三人が幹事役を仰せつかり、三人であれこれ協議して、最終的に「二〇〇八年（平成二十年）十月六日、七日の一泊二日の写生会」を、富士五湖の一つの西湖の畔にある「西湖いやしの里根場（ねんば）」、富士宮市にある「田貫湖」、山梨県忍野村にある「忍野八海」での写生会に決め、神奈川支部の皆さんの了解を頂き、実行した。

この写生会は一般の参加者も含めて総勢四十二名の参加者が集まり、大型バスを利用しての一泊二日の写生旅行となった。

初日は、交通渋滞のため、急遽スケッチ場所を「忍野八海」から「西湖いやしの里根場」に変更した。幸い昼前に現地に到着することが出来、早速、小雨が降る中を、各自思い思いの茅葺屋根の軒下で、写生を始めた。

ちなみに、根場集落は甲州、武田信玄の時代より前から、茅葺集落が四十棟以上あったのが、一九六六年（昭和四十一年）の台風二十六号の集中豪雨で、集落は土石流に襲われ壊滅状態になった。残った住民は西湖対岸に集団移住した。その後富士河口湖町営として十八棟の茅葺集落が復元・展示事業が開始され、「西湖いやしの里根場」として、二〇〇六年（平成十八年）に開園した。

午後四時過ぎに「いやしの里根場」を後にして、静岡県富士宮市の「田貫湖」に面した「休暇村富士」に投宿した。このホテルの全ての部屋の窓から、静かな田貫湖に映えた逆さ富士が見える国民休暇村のホテルである。

初日の夕食後に、今日描いた絵を順番に宴会場の壇上に置き、高梨及び佐藤光男両先生の講評を受けた。講評はとても大事な学びの場である。自分の絵に対するコメントは勿論の事、その他の参加者全員の講評も聞けて、多くを学ぶ絶好の場である。

二日目の早朝、窓のカーテンを開けると、朝焼けした富士山と田貫湖の水面に映る逆さ富士が、窓いっぱいに飛び込んできた。この景色に魅せられて、大いに感動した。

田貫湖に映る朝富士（撮影筆者）

早速、高梨先生はじめ、ほぼ全員が湖畔に下りて、思い思いの場所で、朝飯前のスケッチを楽しんだ。

今回の一泊二日の写生旅行では、この風景が最大の眼目となり、写生場所を選んだ幹事としては、「幹事冥利に尽きる」想いであった。

この時の感動は、今なお脳裏に焼き付いていて、往時を懐かしく思い出す。

二〇〇九年（平成二十一年）五月の百五回記念太平洋展に、「ヴェネツィアの教会」（百号、油彩）を出品して、入選した。

サン・マルコ広場から見て、対岸左の「サルーテ教会」に午後の斜光が照り、近景に人影も無いゴンドラが波に揺れているヴェネツィアの風景を描いたものである。

二〇一〇年（平成二十二年）五月の百六回太平洋展に「朝日射す周庄の運河」（百号、油彩）を出品して、入選した。

周庄は蘇州の隣の水郷の街で、東洋のヴェニスと言われていて、街中に運河が張り巡らされ、どの街かどを切り取っても絵になる街である。

周庄の街には、ヴェニスと同様に車の乗り入れが禁止されていて、街中の移動は徒歩か、運河を小舟で往来するだけである。運河沿いの各家には、引き込みの水路が設けられていて、採れたての野菜、果物、お釜などをここで洗っているので、水路には鮒や鯉が寄ってきて、ご飯粒など、食べ残しをつついていた。

二〇一一年（平成二十三年）五月の第百七回太平洋展に「オンフルールの閑日」（百号、油彩）を出品して、入選した。

オンフルールはセーヌ川の河口にある古い漁港の街である。旧港の入り口に旧総監の館があり、港内は色とりどりのヨットで占められている。私は三回程オンフルールを訪ねて、写生した。

ポトマック夕景（油彩100号）

二〇一二年（平成二十四年）五月の第百八回太平洋展に「ポトマック夕景」（百号、油彩）を出品した。この作品で佳作賞を貰い、会員に推薦された。

初めて太平洋展に出品してから八年目だった。

この絵は、ワシントンDCの西側を流れているポトマック川の対岸のバージニア州から、近景にヨットハーバーを描き、遠景にワシントンモニュメントやナショナル空港を描いた風景で、暮れなずむ船溜まりの夕景である。

二〇一三年（平成二十五年）五月の第百九回太平洋展に「ポトマックの夕

景」（百号、油彩）を出品した。本書カバーにはこの絵を採用した。

二〇一四年（平成二十六年）五月の第百十回記念太平洋展に「プラハの夕景」（百五十号、油彩）を出品した。

百塔の街、プラハにも三回程、写生旅行した。かつてのボヘミヤ王国の首都プラハは、中世そのままの佇まいで、ヴルタヴァ川を挟んで、西にプラハ城、東は歴史の舞台となった旧市街があり、どちらも赤い屋根の街並みで、あちこちに塔が聳え、気品のある、気高い佇まいのある街である。

二〇一五年（平成二十七年）五月の第百十一回太平洋展に「西日差す百塔の街」（百五十号、油彩）を出品した。

二〇一六年（平成二十八年）五月の第百十二回太平洋展に「ヴェネツィア大運河」（百五十号、油彩）と「ヴェネツィアの朝」（百号、油彩）を出品した。

二〇一七年（平成二十九年）五月の第百十三回太平洋展に「プラハ城遠望」（百号、油彩）

と「百塔の街暮色」（百号、油彩）を出品した。

一九九八年七月に初めて油彩画を描き、野外で描く油彩道具一式を担いで、長年にわたり移動したせいか、脊柱が「S」の字に曲がる脊柱管狭窄症になり、腰痛を発症し、右膝の半月板の損傷も発症し、満身創痍となり、杖が必要となった。

従って、誠に残念ながら、百号という大作はもはや描けない状態となった。

やむなく、二〇一七年（平成二十九年）十二月末日、太平洋美術会を退会した。

二〇〇五年に第百一回太平洋展に出品して、十三回目で筆を折ることになり、無念の極みであるが、寄る年波には勝てぬということであろうか。

しかしながら、三十号以下の小品の制作は今後も続けるつもりである。

二〇一二年（平成二十四年）八月十一日から、横浜市民ギャラリー（関内駅前）で、高梨潔先生を忍んで、「追想と躍動展（高梨潔とその仲間たち）」が開催された。

開催にあたって、二〇一二年三月に「追想と躍動展実行委員会」を結成し、遺族の高梨寿々代夫人を筆頭に、実行委員長は高梨教室の内田昭雄氏、相談役は太平洋美術会の佐藤光男氏と浅野康則氏に就任してもらい、佐々木徹郎氏が事務局長に就任して、私も含めた総勢十六名で実行委員会を立ち上げた。

高梨先生の作品三十五点を始め、先生と親交の深かった櫻田誠一氏（日展参与）、江藤哲氏（日展参与）、布施悌次郎氏（元太平洋美術会会長）の三氏の特別出品作品三点、その他太平洋美術会の歴代会長の作品三点他太平洋美術会の主たるメンバーの作品や実行委員会の作品等合計八十五点を展示した。

なお、高梨先生の三十五点の遺作のうちで、神奈川実業界の藤木幸夫氏、箕田敏彦氏の愛蔵の作品二点もお借りして展示した。

一週間の展示期間で二千人を超える来館者を迎え、在りし日の高梨先生を追想し、今後一層の躍動を誓った展示会であった。

私にとって、高梨先生と初めてお会いして、教えを乞うて六年間という短い期間ではあったが、その間「絵を描く仲間の一人として、彩りの多い人生」を歩むことが出来、感無量である。

絵を趣味とした人生で、北は利尻島（北海道）、南は福江島（五島列島）と日本の各地を訪ねスケッチ旅行したことや、海外では、ヨーロッパ、米国、中国等の街、田園風景、山河

アンティーブ（仏、水彩6号）

アヴィニョンの橋（水彩6号）

等を訪ね、多くの風景画を描いた「趣味三昧の人生」を歩んで来たが、特筆すべき出来事として、次の三点について、述べておきたい。

① 俳句誌『炎環』二十周年記念号の表紙絵及び扉絵の制作依頼

二〇〇七年（平成十九年）の初秋に、俳人石寒太「炎環」主宰から、二〇〇八年一月発刊の俳句誌『炎環』二十周年記念号の表紙絵と扉絵を描いてもらいたいと、依頼があった。

早速、新宿、百人町にある「俳句文学館」を訪ね、有名な俳句結社の記念号の表紙絵を調べたところ、どの結社の記念号の表紙絵も、日展の重鎮で現在の洋画壇で名の通った一流の洋画家が描いたものばかりであった。

なお、俳句文学館には、およそ全国全ての俳句結社が発行した月刊誌や特別号が収納されていて、いつでも見たい俳誌を閲覧する事が出来る。

早速、石寒太主宰に、とても私のようなものの絵では、『炎環』の記念号に相応しくないのでと固辞したが、石寒太主宰の意向は変わらず、結局私が描くことになった。

記念号の表紙絵と扉絵を描くと承諾したものの、絵の完成までの残り時間は二ケ月程。さて、何を描くべきか、毎日構想を練った。

ところで、俳句結社「炎環」の石寒太主宰に初めてお会いしたのは、二年ほど前の二〇〇五年（平成十七年）八月に、ＮＨＫ青山教室の「初めての俳句」講座を受講した時である。
石寒太講師は、炎環主宰の他に、毎日新聞の隔月刊誌『俳句αあるふぁ』の編集長、現代俳句協会の会員等多くの肩書を持った俳人である。そして、国文学者であり、俳人の加藤楸邨に師事された。

ちなみに、加藤楸邨は、医師（医学博士）で俳誌『馬酔木』主宰の水原秋櫻子に師事している。

二〇〇七年（平成十九年）四月の「野ざらし紀行　謎解きの旅・吉野路の巻」（石寒太主宰が同行講師）に参加した。吉野山の中千本、上千本と見て廻り、奥千本の奥の院から右に約二〇〇メートル程にある西行法師の庵（西行庵）の傍に、一本の山桜が咲き誇っていたのを思い出した。独り、今が盛りと咲き誇っていたこの山桜を、自分なりにデフォルメした構図を考え、検討した結果、これを「炎環二十周年記念号の表紙絵」に描く事にした。

次に、扉絵は、二〇〇七年十月の「隠岐の島吟行の旅」（石寒太主宰が同行講師）に参加したとき、隠岐島前の「通天橋」を現地でスケッチしたのを使う事にした。

なお、隠岐島前には、多くの歴史的物語が語られ、碑が残っている。

例えば、後鳥羽上皇が一二二一年（承久三年）五月、執権北条義時追討の院宣を下したが、戦いに敗れ、隠岐に流され、監視下で過ごした「在所跡」や、後醍醐天皇が一三三一年（元弘元年）の「元弘の乱」で、鎌倉幕府に捕らえられ、翌年の一三三二年（正慶元年）に隠岐の島に流された。

瀬戸内海の村上水軍の一派の村上家が幕府の命令で、目付け役になり、隠岐の島に今でも村上家の末裔が住まわれている等、歴史的に見どころの多い島である。

「炎環二十周年記念号」は二〇〇八年（平成二十年）一月に発刊された。

二〇〇八年（平成二十年）一月十四日に、「炎環二十周年記念大会」が東京・京王プラザホテルで盛大に執り行われた。当時の著名な俳人金子兜太氏（俳誌『海程』主宰）はじめ、有馬朗人氏（俳誌『天為』主宰、元東大総長）等多くの俳句結社の主宰の臨席のもと、盛大に記念大会が開催された。

私が描いた「表紙絵」と「扉絵」の原画が会場の入口に飾られ、受付で渡された「炎環二十周年記念号」を小脇に抱えて入場された来賓者、俳人達の眼に触れ、しばし話題になった。絵を趣味として、第二の人生を突っ走った私にとって、これは大変名誉なことであった。

②母校の百十周年記念式典に併せて、絵画の寄贈

二〇〇八年（平成二十年）十一月八日、私の母校である兵庫県立龍野高校の創立百十周年

炎環二十周年記念号表紙 （水彩 10 号）

炎環二十周年記念号
扉 （水彩 6 号）

堀家秋麗（油彩50号）

兵庫県立龍野高等学校創立110周年記念の日
左から石原元秀校長、筆者、西村彰範教頭（撮影：小畑光氏）

記年式典が開催されることになった。

これを記念して、私の拙い油彩画「ヴェネツィア」(百号)を龍野高校に寄贈することが決まった。この絵は、その年の第百四回太平洋展に出品したものである。

そして、寄贈する絵は改装なった講堂の正面玄関ロビーに飾られた。

寄贈する話を決めて頂いたのは、先輩の小畑光氏(元生徒会長)と当時の龍野高等学校の校長の石原元秀先生である。

この事は、第二の人生を絵三昧で過ごしてきた私にとって、大きな喜びであり、身に余る光栄であった。

油彩画「ヴェネツィア」は、五百人以上の来賓者、学校関係者、生徒達の目に接した。その後、今なお学校を訪れる人々にこの絵を鑑賞して頂いている。

なお、贈呈式は、百十周年記念式典が始まる直前に、校長始め、学校の関係者、応援して頂いた先輩、同輩、後輩の方々の立ち会いを以て、執り行われた。

③国指定重要文化財の堀家へ油彩画の寄贈

二〇一〇年(平成二十二年)十一月十四日、兵庫県たつの市龍野町の堀家に堀家秋麗(油彩、五十号)を寄贈した。

堀家は重要文化財として、国の指定を受けた旧家である。堀家は江戸時代に、一橋徳川家の庄屋を務めた豪農で、敷地内の二十三棟が一括して国の重要文化財に指定されている。主屋は一七六七年（明和四年）に建築されているので、今年で二百五十七年の歴史ある建物である。

私の作品は、堀家の西側を流れる揖保川の中州から眺めた風景で、立ち並ぶ蔵の白壁と、川岸にある大きな楠木と背後の小高い山の紅葉が、揖保川の淀みに映えて、錦織のような美しい風景となった「秋麗の堀家」を描いたものである。

贈呈式のため、二〇一〇年（平成二十二年）十一月十四日、地元の高校の同輩に加えて、関東から先輩、同輩、後輩の五名が駆けつけて下さり、堀家の主屋で贈呈式を執り行った。

この日は、柿がたわわに実った秋晴れだったので、同郷の詩人、三木露風の「赤とんぼ」を皆で口ずさみ、楽しい贈呈式となった。

この夜は、小高い丘の上にある国民宿舎「赤とんぼ荘」に地元の同輩も含め、駆けつけてくれた全員が泊り、親交を温めた。

翌朝、赤とんぼ荘の喫茶店から、朝日を浴びて、キラキラ光る揖保川の蛇行や、秋の風物詩である稲架（はさ）掛け風景、そして、遥か彼方の瀬戸内海まで一望出来、この素晴らしい故郷の風景を、しばし眺望した。

絵を趣味として、第二の人生を駆け抜けてきたが、脊柱管狭窄症、腰痛それに右膝の半月板損傷を抱えている現況では、せいぜい三〇号を描くのが限度である。

今となっては、海外へのスケッチ旅行は、夢のまた夢となった。

赤とんぼ荘（国民宿舎）から揖保川の蛇行風景を見る。
遠くに瀬戸内海が眺望できる。

龍野城址上空から撮った揖保川の清流風景。
北龍野辺りから新宮町方面を見る。

あとがき

八十八歳になったのをきっかけに、初めて自分史的なエッセーを書いてみようと思い、最初にパソコンのキーを押して書き始めたのは、第7章「原子力の黎明期」（一）「京大研究用原子炉プロジェクトの受注に向けて」であります。出来上がった原稿を、真っ先に家内に見せたところ、「これ、まあまあ書けていて、面白い、一気に読み終えたわ」と、身びいきの読後感が聞けました。次に、姫路に住んでいる姉（今年の一月一日で百歳を迎えた）や、妹、及び親しくお付き合いをさせて頂いている方々にも原稿を送り、読んでもらったら、皆さんから読後感を頂き、気を良くして、このままエッセーを書き続けることにしました。そして、趣味の絵や天文に現（うつつ）を抜かしながら、まず「表題」を決め、次に思いつくまま「目次」を決めて、書きやすい章から書き始めました。

初めて「邂逅」という言葉に接したのは、青春時代に読んだ哲学者阿部次郎（一八八三年

〔明治十六年〕～一九五九年〔昭和三十四年〕）の『三太郎の日記』であります。

次に「邂逅」という言葉を目にしたのは、詩人三木露風（一八八九年〔明治二十二年〕～一九六四年〔昭和三十九年〕）の出世作となった詩集『廃園』です。

不思議とこの邂逅という言葉の響きに、魅せられたのか、この歳になっても脳裏から消え去らず、むしろ年々この言葉の虜（とりこ）になって、機会あれば使ってみたい思いに駆られました。

このため、今回エッセーを書くにあたって「邂逅」を表題にしました。

趣味のなかで、取り上げなかったのが「俳句」です。

二〇〇五年（平成十七年）初秋に、『炎環』主宰石寒太先生に、初めて俳句という芸術の手ほどきを受けました。このご縁で、二〇〇七年の初秋に、翌年の一月号「炎環二十周年記念号」の表紙絵と扉絵を描くことになりました。この経緯は第11章「絵を趣味として」（三）で既に詳述しました。石寒太主宰の『炎環』に入会した年に、太平洋美術会の第百一回太平洋展の公募に応募して初入選しましたので、絵の趣味と俳句の趣味が重なり、天文の趣味がおろそかになってきました。

しかし、俳句の面白さは、絵や天文の趣味とは違った魅力があり、徐々に俳句にかなりの時間を割くようになり、当初の目標だった「絵」の趣味と「天文」の趣味に割く時間が減ってきて、特に「天文」に割く時間がほとんど無くなってきました。「二兎を追う者は一兎も得ず」の諺がありますが、私は欲張りで既に「絵を描くこと」と「天文を学ぶこと」の二兎を追っているので、その上、三兎目を追うのは、もはや体力の限界を感じました。初心に帰り、当初の「二兎」を追う事に集中したいと熟慮して、二〇一一年（平成二十三年）三月、結社『炎環』の石寒太主宰に脱会の申し出をしました。

石寒太先生には、足掛け六年という短い期間ではありましたが、俳句とは楽しい「芸術」であることを教えて頂き、句会や吟行で大変充実した時間を過ごすことが出来ました。石寒太先生のご指導に心より感謝申し上げます。

この間に、多くの俳人の秀句に接したり、俳句の素晴らしさと難しさを学ぶ事が出来ました。また、隠岐の島、吉野、奥の細道等の吟行に同行して、俳句の面白さを味わう事が出来ました。数々の句会や吟行で石寒太主宰に選ばれた句のなかで、あえて一句を選ぶとすれば、次の句になります。

二〇〇九年（平成二十一年）、石寒太選・特選

花立も益子焼なり秋薊

川崎市高津区が主催の「高津全国俳句大会」に応募した句で、この大会の選者である石寒太主宰に選ばれた句で、千句ほどの応募作品のうち、川崎市教育委員会賞など五句がトップ賞で選ばれ、次に特選句が十句選ばれたうちの一句であります。

選者の講評は、「中七の〈益子焼なり〉で、この墓が濱田庄司の墓であることがよくわかる。他もそうであるが、花立まで〈も〉が益子焼である、と強調したところに、この句の眼目がある。下五の〈秋薊〉もほどよく効いている」

この六年という短い期間の後半に、NHK俳句友の会にも入会して、コンクールに投句して切磋琢磨しました。NHK俳句友の会のコンクールは、初心者が多い中で、全国から毎回数百句の応募作品があり、なかには優れた句も、それなりに多く応募されていました。

私の場合は、まだまだ初歩の段階ではありましたが、幸いにも、高名な選者に選んで頂いた数十句のなかで、ここに三句程掲載して、俳句をかじった証とします。

二〇〇九年（平成二十一年）、有馬朗人選・秀作

小鳥来る島に一つの磔刑像

この句は、五島列島を旅したときに詠ったものです。

有馬朗人選者（一九三〇年［昭和五年］～二〇二〇年［令和二年］）は、物理学者、東大総長、俳誌「天為」主宰

二〇一〇年（平成二十二年）、鍵和田秞子選・特選

赤錆の鐘のこだまや原爆忌

この句は、広島平和記念資料館を訪れたときに詠んだものです。

鍵和田秞子選者（一九三二年［昭和七年］～二〇二〇年［令和二年］）は、俳人、俳誌「未来図」主宰、俳人協会常務理事

二〇一一年（平成二十三年）、金子兜太選・秀作

途切れざるみちのくの葬（そう）梅雨に入る

この句は、二〇一一年三月十一日、東日本大震災の津波で、犠牲になった多くの人を悼んで詠んだものです。

金子兜太選者（一九一九年［大正八年］～二〇一八年［平成三十年］）は、俳人、現代俳

句協会名誉会長、日本芸術院会員、俳誌「海程」主宰

人生は、所詮、邂逅に始まり、邂逅で終わるものです。

残りの人生を、広大な宇宙を眺めてロマンを感じ、目を地上に向けて生きている事に感謝し、人との出会いを大切にして、一日一日無事に過ごしたいと願っています。

エッセー『邂逅』を書くにあたって、元日揮会長渡邊英二様より贈って頂いたエッセー集のブックデザインや装丁の見事さに触発され、参考にさせて頂きました。厚く御礼申し上げます。

現代俳句協会会員、俳人協会会員の栗林浩様には、初めてエッセー集を出版するにつき、多くの貴重なアドバイスを頂きました。深謝申し上げる次第です。

また、刊行にあたって書肆アルスの代表取締役山口亜希子様には掲載したすべての絵をカラーで印刷したため、文中の絵の配置箇所や本の体裁等、的確な数々のアドバイスを頂き上梓することが出来ました。厚く御礼申し上げます。

二〇二四年一月　　真白き富士を背にした丹沢山塊を遠望して

森川茂美

ヨットハーバーの朝（油彩30号）

森川茂美（もりかわ・しげみ）

【著者略歴】

1934年（昭和9年）	兵庫県揖保郡神岡村（現在；たつの市神岡町）に生まれる
1958年（昭和33年）	早稲田大学理工学部応用物理学科卒業
同　年	浅野物産（株）入社
	同社は1966年に丸紅飯田（現、丸紅）と合併
1966年（昭和41年）	日揮（株）入社
1988年（昭和63年）	同社理事就任
1998年（平成10年）	同社退社
	個人コンサルタントとして、国内外の企業と契約

【趣味として】

1948年（昭和23年）	中学生の頃より天文に興味をもち、宇宙物理が趣味
1998年（平成10年）	「勝美会」顧問五十畑勝吉先生に師事（2012年まで）
2003年（平成15年）	「太平洋美術会」副会長高梨潔先生に師事（2009年まで）
2005年（平成17年）	第101回太平洋展公募に初応募し入選
	以後毎年入選（2017年まで）、現在も絵が趣味
2005年（平成17年）	俳句結社「炎環」石寒太主宰に師事（2011年まで）

邂逅（かいこう）

二〇二四年五月三十一日　初版発行

著　者　森川茂美
発行人　山口亜希子
発行所　株式会社書肆アルス
東京都中野区松が丘一-二十七-五-三〇一
〒一六五-〇〇二四
電話　〇三-六六五九-八八五二
https://shoshi-ars.com/　info@shoshi-ars.com

印刷所　株式会社厚徳社
製本所　株式会社積信堂

落丁・乱丁本は発行所負担でお取り換えします。

ISBN978-4-907078-46-1　C0095